번호 니탕개의 침입과 조선의 대응

번호 니탕개의 침입과 조선의 대응

초판 1쇄 발행 2024년 12월 13일

지은이 | 김세용
펴낸이 | 윤관백
펴낸곳 | 선인

편 집 | 이예솔
디자인 | 이예솔
등 록 | 제5-77호(1998.11.4)
주 소 | 서울특별시 양천구 남부순환로 48길 1
전 화 | 02) 718 - 6252 / 6257
팩 스 | 02) 718 - 6253
이메일 | suninbook@naver.com

정 가 | 15,000원
ISBN | 979-11-6068-921-1 93910

·잘못된 책은 바꿔 드립니다.

번호 니탕개의 침입과 조선의 대응

김세용 지음

발간사

1990년 4월 20대 중반에 역사 교사가 된 이후 많은 세월이 흘러 60대가 되었다. 학교 운동장에서 학생들이 축구를 하고 운동을 하는 모습을 보니 감회가 새롭다. 20대에는 학생들과 같이 축구를 하고, 선배 교사와 동료 교사들과 함께 운동을 하였다. 지금 학교 운동장에서 학생들은 축구를 하고 있는데, 선배 교사들은 정년 퇴임을 하였고 동료 교사와 후배 교사들은 명예 퇴임을 하고 있다.

역사 교사로서 학생들에게 우리나라의 역사를 이해하기 쉽게 설명하기 위하여 노력하였다. 20대 중반에는 학교에 출근해서 담임 교사로서 학생들을 지도하고, 학생부와 교무부 업무를 하고, 퇴근해서 역사 전공 서적과 논문을 많이 읽었다. 세월이 흘러 30대 초반에 야간제 교육대학원에 입학하였다. 고등학교 3학년 담임 교사와 학생부를 담당하였다. 학교에 출근해서 교문 지도하고 학생들을 지도하고 수업을 하고 업무를 보고 퇴근하면 교육대학원에 가서 강의를 듣고 과제 발표를 하였다. 이규대 교수님의 논문 지도를 받으면서 태어난 고향에 있는 약천사에 대해 자료 수집을 하고 석사 논문을 써서 야간 대학원을 졸업하였다.

석사 과정을 마친 후 고등학교 3학년 담임 교사와 3학년 부장 업무를 담당하여 학생들의 대학 진학 상담을 많이 하였다. 학생들과 상담을 하면서 대학원 진학을 고민하였다. 30대 중반에 장학사 시험을 볼 것이냐, 벽지 학교에 가서 승진 준비를 할 것이냐, 대학원에 가서

보다 깊이 있는 공부를 할 것이냐 많은 고민을 하였다. 처와 상의를 하고 일반대학원 사학과 진학을 하기로 하고 원서를 접수하고 시험을 보고 입학하였다.

대학원 강의 첫날 새벽에 일어나 강원도 동해시에서 버스를 타고 서울 강남터미널에 도착해서 지하철을 타고 혜화역에서 내려 강의실에 걸어가서 강의를 듣고 과제 발표를 한 후 지하철을 타고 강남터미널에 도착해서 버스를 타고 집에 오면 한밤중이었다. 신해순 교수님의 논문 지도를 받으면서 조선 선조 대에 일어난 니탕개란에 대해 자료를 수집하고 정리하여 논문을 써서 일반대학원을 졸업하였다.

이 책은 박사 논문을 정리한 것이다. 박사 논문을 책으로 정리하면서 도움을 준 많은 분들께 깊은 감사를 드린다. 특히 선인 출판사 사장님과 편집팀께 감사의 말씀을 드린다.

지금까지 공부를 할 수 있도록 물심양면으로 도움을 주신 부모님께 무한한 감사의 마음을 전한다. 항상 나를 믿어주고 도움을 준 아내 김윤하에게 진심으로 고마움의 마음을 전한다. 건강하게 잘 자라서 생활하고 있는 딸 나윤과 아들 남기에게 감사한다. 오대광명의 빛으로 세상을 밝히시는 대자대비 부처님 전에 이 책을 올린다.

김 세 용

차례

발간사   4

제1장 머리말   11

제2장 조선 전기 여진 정책

   1. 조선의 여진 정책   19
   2. 명의 여진 정책   32
   3. 성저야인의 성장과 동향   38
   4. 성저야인에 대한 인식 변화와 6진의 정비   43

제3장 니탕개란의 발발과 조선의 대응

   1. 16세기 후반 동북 지역의 정세와 선조 대 번호 정책   53
   2. 니탕개란의 발발과 응징   64
   3. 니탕개의 재침과 격퇴   76

제4장 니탕개란 이후 번호 정책의 변화

   1. 번호 정책의 전환   85
   2. 녹둔도 둔전의 설치   89
   3. 6진 방어 시설의 확장과 군사력의 증강   93
   4. 번호의 침입에 대한 강경 대응   102

제5장 니탕개란의 영향과 의의

1. 서얼의 동원과 허통 실시   111
2. 노비의 종군과 종량 허용   121
3. 16세기 말 군역제의 동요와 북도 군사 방어 체제의 재편   127

제6장 국경에 대한 인식 변화와 이이의 양병 계책

1. 16세기 말 요동의 정세와 국경에 대한 인식 변화   135
2. 이이의 양병 계책 건의와 십만양병설에 대한 검토   142

제7장 결론   159

참고문헌   165

제1장

머리말

제1장

머리말

　조선 왕조(朝鮮王朝)의 대 여진 정책(對女眞政策)은 교린(交隣)을 표방하여 우호 관계가 지속되었으나 여진족의 통일 세력이 형성될 것에 대비하여 조선 왕조는 변경의 경계를 게을리하지 않았다.¹ 조선 건국 당시 두만강 유역의 여진 사회는 통합된 정치 세력을 구축하지 못한 채 종족별·부족별로 나뉘어 있었다. 이러한 상황에서 북방의 여진 세력 중 일부는 두만강을 사이에 두고 인접해 있거나 국경 내에 거주

---

1 李章熙,「壬亂前의 西北邊界政策」,『李章熙全集』5, 景仁文化社, 2011, 64쪽.

하고 있었다. 그리하여 조선 왕조는 두만강 유역에 거주하는 여진 세력의 침입을 억제하고 국경 지역의 안정을 꾀하기 위하여 회유책과 강경책을 병행하였다.² 그 후 세종 대(世宗代)에는 여진 세력에 대한 적극적이고 체계적인 방비책으로 6진(六鎭)을 설치하였다.³

조선 왕조는 6진을 설치한 후 두만강 유역의 여진 세력을 성 아래에 거주하게 하면서 이들을 동북 지역의 울타리로 삼았다. 성저야인(城底野人)이라 불린 이들은 조선으로부터 필요한 물자를 공급받는 대신 동북 지역 여진족의 동향에 대해 보고하였다. 이에 조선 왕조는 북방 대책을 마련하는 데에 성저야인의 도움을 많이 받았다.⁴

성저야인은 성종 대(成宗代)를 지나 중종 대(中宗代)를 거치면서 점차 성장하였고, 명종 대(明宗代) 이후 번호(藩胡)로 불리게 되었다.⁵ 선조(宣祖)는 즉위 초부터 두만강 유역의 진 부근에 있는 번호를 통치 대상으로 보았고, 그들을 함경도의 울타리로 활용하고자 하였다. 그런데 16세기 후반부터 여진족의 생활 형태가 대부분 수렵 및 어로 생활에서 농경 생활로 변화되었을 뿐만 아니라 여진의 주요 교섭 대상이 명나라로 확대되면서 조선과 번호의 관계는 점차 소홀해져 갔다.⁶ 한편 두만강 유역 진의 변장으로 파견된 자는 대부분 탐오하고 포악하여 조선에 대한 번호들의 불만은 커져 가고 있었다. 이러한 배경으로

---

2 박정민, 「조선초기의 여진관계와 여진인식의 고착화 -태조~세종대를 중심으로-」, 『韓日關係史硏究』 35, 韓日關係史學會, 2010, 116쪽.
3 한성주, 「조선전기 두만강유역 '女眞 藩籬·藩胡'의 형성과 성격」, 『한국사학보』 41, 고려사학회, 2010, 171쪽.
4 김순남, 「조선전기 5진 藩胡 동향의 추이」, 『역사와 실학』 46, 역사실학회, 2011, 79~81쪽.
5 김순남, 위의 논문, 90쪽.
6 尹浩亮, 「宣祖 16년(1583) '尼湯介의 亂'과 조선의 군사전략」, 고려대 석사학위논문, 2009, 15~16쪽.

선조 16년(1583) 1월 말 니탕개란(尼湯介亂)이 발발하였다.

조선 전기 여진의 변경 침입은 100여 회가 넘었는데,[7] 그중 니탕개란은 전투 기간도 6개월 이상이나 지속되었고 침입 규모도 1만여 기(騎) 이상으로 매우 컸다.[8] 이에 조선 정부는 니탕개란을 심각하게 인식하였고, 니탕개란으로 인해 병력과 양식을 충원하지 않으면 안 될 위기에 처하자 변경(邊境)의 방어와 식량 확보를 위하여 스스로 장비를 갖추고 두만강의 변경에 가서 만 3년 동안 방수(防戍)하거나 변경의 방어에 쌀을 바친 서얼(庶孼)은 허통(許通)을 할 수 있게 하였고, 노비(奴婢)는 종량(從良)을 할 수 있도록 기회를 주었다. 그리하여 니탕개란은 서얼과 노비의 신분 상승 문이 열리는 계기가 되었던 것이다.

병조판서(兵曹判書) 이이(李珥)는 니탕개란의 진압과 앞으로의 환란 대비 및 국방 강화를 위하여 양병 계책(養兵計策)을 제기하였고, 니탕개란을 격퇴한 이후 조선의 대 여진 정책은 강경책으로 변화되어 가는 상황이었다. 그럼에도 불구하고 니탕개란에 대한 연구는 지금까지 학계에서 많이 이루어지지 않은 실정이다.[9]

이 글은 기존의 연구 성과를 바탕으로 번호의 동향과 조선의 대응에 대해서 살펴보고, 『조선왕조실록(朝鮮王朝實錄)』, 『제승방략(制勝方略)』, 『연려실기술(燃藜室記述)』, 『대동야승(大東野乘)』 등을 중심으로 니탕개란을 분석하고자 한다. 이러한 연구는 1차적으로 니탕개란의 성격 규정을 가능하게 할 것이다. 이를 토대로 니탕개란 이후 조선의 대 여진

---

7 金九鎭, 「조선시대 女眞에 대한 정책」, 『白山學報』 88, 白山學會, 2010, 289쪽.
8 유봉영, 「王朝實錄에 나타난 李朝前期의 野人」, 『白山學報』 14, 白山學會, 1973, 107~111쪽.
9 송우혜, 「조선 선조조의 니탕개란 연구」, 『역사비평』 72, 역사비평사, 2005; 尹浩亮, 앞의 논문, 2009; 尹浩亮, 「宣祖 16년(1583) '尼湯介의 亂'과 조선의 대응」, 『軍史』 82, 國防部 軍史編纂研究所, 2012.

정책은 강경책으로 변화되어 갔다는 것을 이해하는 데에 일조할 것이다. 더불어 이이의 양병 계책이 니탕개란의 영향으로 제기되었을 가능성에 대한 이해의 폭을 넓히는 데도 도움이 되리라고 생각한다.

니탕개란은 1960년대 육군본부에서 조선 전기 군사 제도를 정리하면서 조선의 여진 정벌 사례로 언급되었다.[10] 그 후 1970년대 허선도는 임진왜란 직전 방위 체제의 실상을 정리하면서 조선과 여진이 벌인 전투 중 하나의 사례로 니탕개란을 서술하였다.[11] 그리고 1980년대 강성문은 조선 시대의 여진 정벌에 대한 연구를 하면서 니탕개란을 정리하였고,[12] 이강칠은 승자총통의 실태를 연구하면서 무기 분야에 미친 영향을 서술하였다.[13]

그 후 1990년대 심승구는 선조 대 무과 급제자를 분석하면서 니탕개란 이후 무관을 확충하기 위하여 무과 별시를 많이 실시하였다는 것을 정리하였고,[14] 최호균은 조선 중기 여진과의 관계에 대한 연구를 하면서 니탕개란 이후 여진에 대한 조선의 인식 변화를 살펴보았으며,[15] 이장희는 조선 전기 사대교린 관계와 국방 정책을 연구하

---

10 육군본부, 『韓國軍制史 -近世朝鮮前期篇-』, 육군사관학교 한국군사연구실, 1968.
11 허선도, 「制勝方略 硏究(上) -壬辰倭亂 直前 防衛體制의 實相-」, 『震檀學報』 36, 震檀學會, 1973.
12 강성문, 「朝鮮時代 女眞征伐에 관한 연구」, 『軍史』 18, 국방부 전사편찬위원회, 1989.
13 이강칠, 「勝字銃筒係의 實態小考 -現在遺物을 中心으로-」, 『학예지』 1, 육군사관학교 육군박물관, 1989; 朝鮮時代 火藥兵器를 연구하면서 尼湯介亂에 대해 정리한 저서와 연구논문은 다음과 같다. 허선도, 『朝鮮時代 火藥兵器史 硏究』, 일조각, 1994; 박재광, 「15~16세기 朝鮮의 火器발달」, 『학예지』 9, 육군사관학교 육군박물관, 2002; 전쟁기념관, 『우리나라의 전통무기』, 전쟁기념관, 2004.
14 심승구, 「朝鮮 宣祖代 武科及第者의 분석 -1583~1584년의 大量試取 榜目을 중심으로-」, 『역사학보』 144, 역사학회, 1994.
15 최호균, 「조선중기 對女眞관계의 연구」, 성균관대 박사학위논문, 1995.

면서 니탕개란 이후 조선의 대 여진 정책의 변화에 대해서 정리하였다.[16] 2000년대 서태원은 조선 전기 중앙 군사 지휘관의 파견에 대한 연구를 하면서 니탕개란 이후 군사 지휘 체계의 변동에 대해서 정리하였고,[17] 김구진은 6진의 방어 전략인 제승방략 체제를 연구하면서 니탕개란에 대해서 서술하였다.[18] 그리고 송우혜는 니탕개란의 배경과 전개 과정 및 결과와 영향에 대해서 전반적으로 서술하였고,[19] 윤호량은 국내외적으로 불안정한 환경이 니탕개란의 원인으로 작용하였다고 정리하였다.[20]

이 글이 니탕개란의 배경과 전개 과정 및 결과와 영향에 대한 이해의 폭을 넓히는 데 도움이 되었으면 한다. 또한 니탕개란 이후 조선의 대 여진 정책은 강경책으로 변화되어 가는 상황이었고, 이이의 양병 계책도 이로 인해 제기되었을 가능성이 있다는 것을 파악하는 데에도 의미가 있기를 기대한다.

---

16 李章熙,「朝鮮前期 事大交隣關係와 國防政策」,『軍史』34, 국방군사연구소, 1997.
17 서태원,「朝鮮前期 有事時 地方軍의 指揮體系 -중앙 군사지휘관의 파견과 관련하여-」,『사학연구』63, 한국사학회, 2001.
18 金九鎭,「조선시대 6鎭 방어 전략「≪制勝方略≫체제」의 연구」,『白山學報』71, 白山學會, 2005.
19 송우혜, 앞의 논문, 2005.
20 尹浩亮, 앞의 논문, 2009.

제 2 장

조선 전기 여진 정책

제2장

조선 전기 여진 정책

1. 조선의 여진 정책

조선 건국 초기 두만강 유역의 여진 사회는 통합된 정치 세력을 형성하지 못하고, 대소 추장이 자기 씨족·부족을 이끄는 형태의 무리가 사냥과 방목을 하면서 종족별·부족별로 흩어져 거주하고 있었다. 조선은 여진인을 생활 양식에 따라서 올량합(兀良哈)과 올적합(兀狄哈)으로 나누었다. 강가의 초원 지대에서 농경을 하던 종족은 올량합이라 일컫고, 산악의 삼림 지대에서 수렵을 하던 종족은 올적합이라

불렀다.[1] 한편 여진 세력 중 일부는 두만강을 사이에 두고 인접해 있거나 국경 내에 거주하고 있었다. 그리하여 조선은 두만강 유역 변경의 경계를 게을리하지 않았다.[2]

조선 건국 초기 두만강 유역의 여진과의 관계는 매우 우호적이었다. 이는 태조(太祖) 4년(1395) 12월 14일에 당시 북방 여진인들의 귀화 실태를 알려주는 다음과 같은 기록을 통해 알 수 있다.

> 동북면 1도는 원래 왕업을 처음으로 일으킨 땅으로서 위엄을 두려워하고 은덕을 품은 지 오래 되었다. 여진인의 추장이 먼 데서 오고, 이란두만도 모두 와서 항상 활과 칼을 차고 이성계의 집에 들어와서 좌우에서 가까이 모시었고, 동서를 정벌할 때 따라가지 않은 적이 없었다.[3]

조선을 건국한 태조 이성계(李成桂)의 정치적·군사적 세력 기반은 동북면(東北面)이었다. 고려 후기 동북면은 여진인이 흩어져 거주하고 있었는데, 이성계 가문은 실질적으로 동북면 전체를 지배하는 대토호였고, 이 지역의 여진인과 매우 친밀하였다.[4] 이러한 배경으로 이성계는 여진인 이지란(李之蘭) 등을 휘하에 두고 수많은 전투를 치르며 세력을 확장하였고, 오도리(吾都里)와 올량합(兀良哈) 등의 여진 추장들은 이성계의 휘하에서 조선 건국의 공을 세웠다. 이성계는 자신

---

1 金九鎭,「조선시대 女眞에 대한 정책」,『白山學報』88, 白山學會, 2010, 266~267쪽.
2 李章熙,「壬亂前의 西北邊界政策」,『李章熙全集』5, 景仁文化社, 2011, 64쪽.
3 『太祖實錄』卷8, 太祖 4年 12月 癸卯條.
4 김명수,「여말선초 이성계의 정치적 행보와 압록강·두만강 유역 여진족 지역사회의 동향」, 상명대 석사학위논문, 2019, 85쪽.

〈사진 2-1〉 이성계 영정 (출처: 문화재청)

을 따라 종군하였던 대소 여진족의 추장들에게 만호(萬戶)와 천호(千戶)의 벼슬을 주었고, 관청 소속의 민호(民戶)를 거느리는 것을 허용하였다.[5] 또한 여진인이 조선인과 혼인하는 것을 장려하는 등 여진인을 조선인으로 동화시키는 정책을 추진하였다.[6] 그리하여 태조 대 두만강 유역의 여진과의 관계는 원만하였다.[7]

그 후 태종 대에 두만강 유역의 여진과의 관계는 악화되어 갔다. 이는 태종 2년(1402) 안변부사(安邊府使) 조사의(趙思義)가 태조의 계비 신덕왕후(神德王后) 강씨(康氏)와 왕세자 방석(芳碩)의 원수를 갚는다고

---

5 유창규,「李成桂의 軍事的 基盤 -東北面을 중심으로-」,『震檀學報』58, 震檀學會, 1984, 11~12쪽.
6 金九鎭,「조선 초기에 韓民族으로 동화된 土着女眞」,『白山學報』58, 白山學會, 2001, 139쪽.
7 박정민,「조선시대 여진인 내조 연구」, 전북대 박사학위논문, 2014, 13쪽.

하여 동북면의 토착 여진들을 이끌고 중앙 정부에 반란을 일으켰기 때문이다. 조사의의 난은 여진의 오도리족과 오랑캐족 등의 대소 추장들이 대부분 가담하였기 때문에 조선과 여진의 관계는 악화되었다.[8] 그리고 여진인들은 명(明) 영락제(永樂帝)의 권유에 응하면서 경원(慶源)을 침공하기도 하였다. 이에 대한 내용이 태종 6년(1406) 2월 18일 기사에 다음과 같이 자세히 기록되어 있다.

> 올적합 김문내 등이 경원의 소다로를 침략하니, 병마사 박영이 격퇴시켰다. 처음에 여진인들이 경원 요새 인근에서 소금·철과 소·말 등을 무역하였는데, 명나라에서 건주위를 세워, 어허출을 지휘로 삼아 여진인을 권유하여 경원에서 절교하고 무역하지 아니하니, 여진인들이 격분하여 원망하고, 건주여진인이 이를 부추겨서 경원에 들어와서 노략질하였다.[9]

올적합(兀狄哈) 추장 김문내(金文乃)의 침략은 조선 건국 이후 여진에 의한 침략으로, 태조 대부터 우호적이었던 두만강 유역 여진과의 불화는 이로 인해 더욱 심화되어 갔다.[10] 태종은 두만강 유역 여진인의 침략에 대응하는 한편 경성(鏡城)과 경원(慶源)에 무역소를 설치하여 동북면에 거주하는 여진인을 회유하고자 하였다. 이에 대한 내용이 태종 6년(1406) 5월 10일 기사에 다음과 같이 자세히 기록되어 있다.

> 무역소를 경성·경원에 설치하도록 명하였다. 동북면 도순문사 박신이 상언하였다. "경성·경원 지방에 여진인의 출입을 금지하지 않

---

8 金九鎭, 앞의 논문, 2010, 273쪽.
9 『太宗實錄』卷11, 太宗 6年 2月 己卯條.
10 박정민, 앞의 논문, 2010, 97~99쪽.

으면 무리를 지어 침입할 우려가 있고, 일절 끊고 금지하면 여진인이 소금과 철을 얻지 못하여 변경에 침입할 우려가 있습니다. 원하건대, 두 고을에 무역소를 설치하여 여진인으로 하여금 와서 거래하게 하소서." 하니 임금이 윤허하였다.[11]

그리하여 동북면의 여진 관계는 어느 정도 회복하였으나 조선은 여진인에 대한 감시를 소홀히 하지 않는 등 그들을 도적으로 보기에 이르렀고, 추장을 소추라고 표현하는 등 여진에 대한 인식이 악화되기에 이르며 태종 10년(1410) 여진 정벌을 단행하였다. 이에 대한 내용이 태종 10년 3월 9일 기사에 다음과 같이 자세히 기록되어 있다.

길주도 찰리사 조연 등이 두문에 이르러 모련위 지휘 파아손·아고거·착화·천호 하을주 등 네 사람을 유인하여 살해하고, 그 부족 수백 인을 죽이고 집을 불태웠다.[12]

그 후 태종은 여진에 대한 회유책도 병행하여 이전의 관계를 복구하였다. 그리하여 동북면 여진에 대한 영향력을 어느 정도 회복하여 태종 대 후반기 두만강 유역 여진과의 관계는 대체로 원만하였다.[13]

태종의 뒤를 이은 세종 즉위 초에도 두만강 유역의 여진과의 관계는 태종 대의 정책을 그대로 계승하였는데,[14] 여진인을 경계하

---

11 『太宗實錄』卷11, 太宗 6年 5月 己亥條.
12 『太宗實錄』卷19, 太宗 10年 3月 乙亥條.
13 박정민, 「태종대 제1차 여진정벌과 동북면 여진관계」, 『백산학보』 80, 백산학회, 2008, 259~260쪽.
14 최승희, 「世宗朝의 王權과 國政運營體制」, 『朝鮮初期 政治史硏究』, 지식산업사, 2002, 143쪽.

면서 종자용 곡식과 식량 그리고 의복 등을 내려 주는 회유책을 실시하여 원만한 상태를 유지하였다.[15] 이러한 상황에서 세종 15년(1433)에 올적합이 알목하(斡木河)에 침입하여 건주좌위(建州左衛) 도독(都督) 동맹가첩목아(童猛哥帖木兒)와 그의 아들 권두(權豆)를 죽이고 도주하는 사건이 발생하였다.[16]

세종은 동맹가첩목아의 피살 직후 이 여진족의 내분을 이용하여 이를 영토 회복의 기회로 삼아 두만강 유역에 거진(巨鎭)을 설치하기 시작하였다. 이에 대한 내용이 세종 15년(1433) 11월에 왕이 병조에 내린 교지에 다음과 같이 나타나 있다.

> 우리나라는 북쪽으로 두만강을 경계로 하였다. (중략) 알목하는 곧 두만강의 남쪽, 우리의 국경 안에 있다. 토지가 비옥하여 농경과 목축에 적당하고 요충지에 위치하였으므로 거진을 설치하여 나라의 북쪽 문을 웅장하게 하기에 합당하다.[17]

세종 16년(1434)에 소다로(蘇多老)가 여진인들이 오가는 길의 중요한 길목이 된다고 하여 회질가(會叱家)에 경원진(慶源鎭)을 설치하고, 남도(南道)의 민호를 이주시켜 채우고서 토관(土官)을 두었다.[18] 토관은 양반 신분층과는 구별되는 별개의 신분으로 변방 주민의 사기를 북돋아주고 위무(慰撫)하기 위하여 설치되었다.[19] 이어 같은 해에 여진인들

---

15 박정민, 앞의 논문, 2010, 102~106쪽.
16 『世宗實錄』卷62, 世宗 15年 10月 戊寅條.
17 『世宗實錄』卷62, 世宗 15年 11月 庚子條.
18 『世宗實錄地理志』咸吉道 慶源都護府條.
19 李章熙, 「朝鮮初期 土班武職의 性格」, 『李章熙全集』5, 景仁文化社, 2011, 9쪽.

〈사진 2-2〉 6진 개척 민족기록화 (출처: 한국학중앙연구원)

이 왕래하는 첫 길목인 알목하에 회령진(會寧鎭)을 설치하였다.[20] 이와 함께 영북진(寧北鎭)을 여진인들이 침입하는 주요 도로인 백안수소(伯顏愁所)로 옮긴 후,[21] 세종 17년(1435)에 종성군(鐘城郡)을 만들었다.[22] 세종 17년(1435)에는 공주(孔州)의 옛 터에 공성현(孔城縣)을 설치한 후, 세종 19년(1437) 경흥군(慶興郡)으로 승격시켰다.[23] 그 후 세종 22년(1440) 다온평(多溫平)에 온성군(穩城郡)을 만들었고,[24] 세종 31년(1449) 부거현(富居縣)을 혁파하고 부령도호부(富寧都護府)를 설치하였다.[25]

---

20 『世宗實錄地理志』咸吉道 會寧都護府條.
21 『世宗實錄』卷62, 世宗 16年 5月 甲申條.
22 『世宗實錄』卷69, 世宗 17年 7月 戊子條.
23 『世宗實錄地理志』咸吉道 慶興都護府條.
24 『世宗實錄地理志』咸吉道 穩城都護府條.
25 『世宗實錄地理志』咸吉道 富寧都護府條.

세종은 두만강 유역에 거주하는 여진인의 침입에 대비하기 위하여 6진에 방어 시설을 설치하고 군사를 배치하였다. 6진에 만든 방어 시설은 외침이 일어나기 이전에는 적의 정세를 살피거나 경계를 하고, 외침이 발발한 이후에는 적의 공격을 막거나 지연시키는 데 목적이 있었다.[26]

물론 각각의 개별 방어 시설이 어느 하나의 목적만을 위해 설치된 것은 아니었다. 수호처와 후망 그리고 해망은 외침이 일어나기 전 적의 정세를 살피거나 경계를 하는 방어 시설과 밀접한 관련이 있고, 여장과 옹성 등은 외침이 발발한 이후 적의 공격을 막거나 지연시키는 방어 시설과 밀접한 관련이 있다.[27]

수호처는 수호장이 이른 새벽에 군사들과 함께 두만강변을 순찰하는 장소이고, 후망은 육지로 침입하는 여진을 고정된 지역에서 관측하는 장소이며, 해망은 바다로 침입하는 여진을 고정된 지역에서 관측하는 장소이다. 그리하여 외침이 발발했을 때에는 수호장이 토병과 인근의 농민들을 동원하여 즉시 전투를 치러야 했다.[28] 이처럼 6진은 두만강 지역까지 영토를 확보하기 위하여 설치한 군사 기지였다.[29] 〈표 2-1〉은 『세종실록지리지』를 분석하여 세종 대 6진의 서반 토관과 군사 및 방어 시설을 정리한 것이다.

---

26 『制勝方略』卷2,「軍務29條」12條.
27 『制勝方略』卷2,「軍務29條」12條.
28 『制勝方略』卷2,「軍務29條」12條.
29 오종록,「朝鮮初期 兩界의 軍事制度와 國防體制」, 고려대 박사학위논문, 1993, 156~174쪽 참고.

〈표 2-1〉 세종 대 6진의 서반토관과 군사 및 방어 시설

	서반토관(명)	갑사(명)	정군(명)	성 둘레(척)	참(개)	요해처(개)	연대(개)
경원진	68	133	629	5,100	3	9	8
회령진	74	25	695	8,138	4	2	13
종성진	-	12	724	8,603	4	7	8
온성진	23	25	686	10,000	1	5	15
경흥진	-	90(선군)	312	7,091	1	-	6
부령진	-	262		7,000		3	5

〈표 2-1〉에서 알 수 있듯이 세종은 두만강 유역에 6진을 설치하면서 경원진과 회령진 그리고 온성진에 서반토관(西班土官)을 설치하였다. 이는 변방 주민의 사기를 북돋아주고 위로하고 어루만지는 한편 변방을 경계하기 위한 군사적인 정책이었다. 서반토관은 6진의 설치와 긴밀한 관련을 맺은 것으로 보여진다. 그리하여 서반토관의 선발과 임용은 그 지역 토착인을 대상으로 하였다.[30]

경원진은 성(城) 둘레는 5,100척(尺)으로 6진 가운데 가장 짧지만 군사는 갑사(甲士) 133명과 정군(正軍) 629명, 합계 762명으로 가장 많았다. 이는 경원진이 여진인들이 오가는 길의 요해처(要害處)이었기 때문이라고 생각된다. 온성진은 연대(烟臺)가 15개로 6진 가운데 가장 많이 설치되었다. 이는 온성진이 함경도 최북단에 위치하였고 다른 지역보다 지형이 험준하여 도로가 제대로 되어 있지 않고,[31] 여진과의 거리가 가까워 이들의 침입에 상대적으로 많이 노출되어 있었기 때문에 유사시 가까운 진(鎭)에 신속히 연락을 취할 수 있도록 하기 위해

---

30 李章熙, 앞의 책, 2011, 37쪽.
31 강영철, 「朝鮮初期의 軍事道路 -北方 兩地帶의 境遇에 대한 試考-」, 『한국사론』 7, 국사편찬위원회, 1980, 375~377쪽.

서였다고 할 수 있다.[32]

6진 지역의 지역적 특징을 고려하여 주요 지점에는 진보(鎭堡)를 설치하였다. 두만강변을 따라 위치한 함경도 북도 지역의 29개 진보는 지리적으로 두만강의 폭이 좁아지거나 수심이 얕은 지역, 그리고 강의 지형이 조선 쪽으로 굽어 들어오면서 상대적으로 여진이 침입하기 쉬운 지역 등에 설치하여 함경도 전 지역을 조선의 영토로 확보하였다.[33]

세종 대 6진의 설치로 방어 체제가 갖추어졌다고 하더라도 당시는 여진인들에 대한 경계를 늦출 수는 없는 상황이었다. 그리하여 세종은 거진(巨鎭)에 거주하는 13세 이상의 백성에게는 모두 활쏘기를 익히도록 하게 하였고,[34] 정군(正軍) 이외에 대졸(隊卒)을 두어 항상 창검(槍劍)을 연습하게 하는 등 방어를 위한 군사 훈련을 강화하여 여진인의 침입에 대비하였다.[35]

한편 세종은 두만강 유역에 거주하는 여진인들의 불만 해소와 노략질을 막기 위하여 회유책도 실시하였다. 세종 22년(1440) 7월에 오도리(吾都里)의 여진 추장들이 토산물을 진상하는 자리에서 세종은 그들에게 교서를 내려 스스로 와서 복종하여 다른 여진 종족이 배반하여 침범하였을 때 힘을 다해 구원하면 융숭한 은덕을 보일 것이라고 하였다.[36] 이에 더하여 세종은 여진인들과 화친하면서 진의 성 아래

---

[32] 김순남, 「조선 成宗代 兀狄哈에 대하여」, 『조선시대사학보』 49, 조선시대사학회, 2009, 42쪽.
[33] 강성문, 「朝鮮初期 六鎭 開拓의 國防史的 意義」, 『군사』 42, 국방부 군사편찬연구소, 2001, 107~123쪽.
[34] 『世宗實錄』 卷69, 世宗 17年 8月 壬子條.
[35] 『世宗實錄』 卷82, 世宗 20年 9月 丁酉條.
[36] 『世宗實錄』 卷90, 世宗 22年 7月 辛酉條.

에 거주하게 하였고, 또한 그들이 요구하는 쌀·베·소금·장 등의 생필품을 내어주는 등의 회유책을 실시하기도 하였다.[37]

세종은 진의 성 아래에 거주하는 여진인들로 하여금 조선의 울타리가 되게 하는 것은 물론 다른 여진 종족의 동향을 보고하게 하였다. 이는 『세종실록』 권 95, 세종 24년 1월 무자조(戊子條)의 내용을 통해 알 수 있다.

> 지금까지 너희들은 우리 조선이 건국한 이후에도 우리와 가까운 지경에 살면서 성심으로 힘을 바쳐 왔고, 우리나라에서도 역시 너희들을 불쌍하게 여겨 위로하고 물질적으로 도움을 주어 서로가 이와 입술과 같이 여기어 온 지 여러 해가 된 것이다. 더욱이 지금은 국가에서 새로 북도에 고을을 설치하였다. 너희들은 우리의 울타리가 되어 어떤 걱정거리가 있으면 즉시 와서 알려 주고, 적의 변화가 있으면 같은 마음으로 그것을 막아 왔다. 그리하여 너희들을 불쌍하게 여겨 위로하고 불실석으로 도움을 주는 것이다.[38]

그리고 이듬해에 세종은 함길도 도절제사에게 이들을 너그럽고 부드럽게 어루만지고 구휼하여 원망하고 미워함이 없도록 하라고 명하였다.[39] 이와 함께 이들을 효율적으로 다스리기 위해 진의 판관은 무예와 재능을 겸비한 사람을 임명하도록 하였다.[40] 그리하여 진의 성 아래에 거주하는 여진인들은 진의 울타리 역할을 하게 되었고, 그들은 두만강 유역에서 장기적이고 평화적인 삶을 영위하기 위해서는

---

37 『世宗實錄』卷90, 世宗 22年 8月 戊子條.
38 『世宗實錄』卷95, 世宗 24年 1月 戊子條.
39 『世宗實錄』卷99, 世宗 25年 3月 己卯條.
40 『世宗實錄』卷100, 世宗 25年 6月 戊子條.

조선의 영향력을 무시할 수 없었다.[41] 여진인은 진으로 와서 접대를 받고 물건을 받아갔을 뿐만 아니라 관직을 얻기도 하였다.[42]

그리하여 두만강 유역 진의 부근에 여진인들이 많이 거주하였다. 단종 3년(1455) 해당 지역의 여진인 부락과 가와 장정의 수에 대해 상세히 분석한 연구로는 김구진과 남의현 그리고 한성주의 연구가 있다. 김구진은 두만강 유역의 진 부근에 거주하는 여진인 부락(部落)은 51개, 가(家)는 914가, 장정(壯丁)은 1,924명이라고 분석하였다.[43] 남의현은 두만강 유역의 진 부근에 거주하는 여진인 부락은 48개, 가는 800가, 장정은 2,000명이라고 분석하였다.[44] 한성주는 두만강 유역의 진 부근에 거주하는 여진인 부락은 53개, 가는 800가, 장정은 1,982명이라고 분석하였다.[45] 이와 같이 통계가 조금씩 다른 것은 사료 중 명확하지 않는 내용을 추론하는 방법상의 차이로 보인다.

이처럼 두만강 유역의 진 부근에 다수의 여진인들이 거주하게 되고, 특히 세조 4년(1458) 건주본위(建州本衛) 도독(都督) 고납합(古納哈)이 조선의 직첩을 받게 되자 그동안 조선의 대 여진 정책에 별다른 간섭이 없었던 명은 여진의 조선 왕래를 금지하는 조치를 취하였다. 명이 조선의 대 여진 정책에 간섭하게 된 것은 명의 대외 정책상 상호 대립과 견제를 꾀하기 위한 점도 있지만, 중국의 남방에서 흥기(興起)

---

41 한성주, 「임진왜란 전후 女眞 藩胡의 朝鮮 침구 양상과 조선의 대응 분석」, 『東洋史學研究』132, 東洋史學會, 2015, 104쪽.
42 『世宗實錄』卷103, 世宗 26年 2月 壬午條.
43 金九鎭, 「麗末鮮初 豆滿江 流域의 女眞 分布」, 『白山學報』15, 白山學會, 1973.
44 南義鉉, 「明代 兀良合·女眞의 成長과 遼東都事의 危機」, 『만주연구』3, 만주학회, 2005.
45 한성주, 「두만강지역 여진인 동향 보고서의 분석 -『端宗實錄』기사를 중심으로-」, 『史學研究』86, 韓國史學會, 2007.

하여 북방의 조선과 여진 방면의 실정에 대해서 잘 몰랐던 관계로 명 태조 이래 조선에 대해 의심하게 된 탓이기도 했다. 따라서 이와 같은 간섭은 조선과 여진이 결탁하여 연합 세력을 형성하는 것을 명이 염려하였기 때문에 취해진 조처였다.[46]

이러한 상황에서 세조 13년(1467) 건주여진이 자신과 경제적 관계가 원활하지 못한 명에 자주 침입하자, 명의 파병 요청으로 조선에서는 강순(康純)과 남이(南怡) 등을 출병시켰다. 그들은 압록강을 건너 파저강 유역의 건주위를 정벌하고 건주위 도독 이만주(李滿住)와 아들 고납합(古納哈)을 살해하였다.[47] 이와 같은 조선의 출병은 파병 요청을 받아 부득이하게 행한 것만이 아니라 당시 건주위가 조선 변경을 자주 약탈하였으므로 변경의 안정을 위하여 단행된 것이기도 했다.

그 후 성종 22년(1491) 두만강 유역의 올적합(兀狄哈)이 조산보(造山堡)를 침입하자 이를 응징하기 위하여 도원수 허종(許琮)이 군사 4천 명을 거느리고 두만강을 건너 올적합의 부락을 토벌하기도 하였다.[48] 이 사건으로 여진과의 관계는 악화되어 계속해서 여진족의 침입이 있었는데, 중종 23년(1528) 만포첨사 심사손(沈思孫)이 여진족에게 피살된 사건이 일어났다.[49] 이에 조정에서는 출병론이 대두되었지만 내정 문제로 인하여 실현되지는 못하였고, 그 후 명종 대에는 여진의 침입이 비교적 적었다.[50]

요컨대 조선 전기의 대 여진 정책은 명과 여진과의 관계를 항상

---

46 최호균, 「조선중기 對女眞관계의 연구」, 성균관대 박사학위논문, 1995, 15쪽.
47 『世祖實錄』 卷44, 世祖 13年 10月 甲辰條.
48 『成宗實錄』 卷258, 成宗 22年 10月 丙寅條.
49 『中宗實錄』 卷60, 中宗 23年 1月 辛丑條.
50 육군본부, 앞의 책, 1968, 306쪽.

예의 주시하고 파악하면서 강경책과 회유책을 병행하여 실시한 것이었다.

2. 명의 여진 정책

명대(明代) 여진(女眞)은 건주(建州)·해서(海西)·야인(野人) 여진으로 나뉘고, 다시 그 밑에 크고 작은 부락으로 갈라져 있었다. 건주와 해서 여진은 처음에 흑룡강성 의란현 근처를 중심으로 하고 송화강 유역과 흑룡강 중·하 유역에서 동으로 해안에 이르는 지대에 흩어져 살았는데 명대에 이르러 점차 남하하였다.[51]

명 정부는 여진 통제책으로 중국 역대 왕조의 그것을 답습하여 기미책(羈縻策)을 실시하였다. 기미는 말의 굴레와 소의 고삐를 가리키는 말로 견제한다는 의미를 가지고 있다. 이것이 중국에서는 한대 이후 주변의 이민족에 대한 대외 정책의 기본 방침으로 적용되었다. 이러한 배경하에 시행한 기미책이란 말뚝에 매어둔 말이나 소가 고삐를 채운 범위 안에서 마음대로 행동할 수 있는 것처럼, 명에 조공을 하는 범위 안에서 그들 내부의 정치와 경제 생활에 누구의 간섭도 받지 않고 자유롭게 생활하는 것이다. 이것으로 보더라도 명은 만주 내지의 여진을 완전히 지배하지 못하고, 형식적으로 기미책 아래에 조공(朝貢) 무역을 하는 정도에서 여진족 대소 추장의 자유로운 지배권을 인정하였다는 것을 알 수 있다.[52]

51　金鐘圓, 『한국사』29, 국사편찬위원회, 1995, 211쪽.
52　신석호, 「조선왕조 개국 당시의 대명관계」, 『국사상의 제 문제』1, 1959, 94쪽; 金九鎭, 앞의 논문, 2010, 277쪽.

명 정부에 순종하고 조공을 바치며 충성을 다하는 여진족의 추장에게는 명의 황제가 직접 관직을 수여하였다. 명으로부터 관직을 받는 것은 여진인들이 명예롭게 여겼을 뿐만 아니라 실제로 관직의 수여 여부가 추장의 부하 통솔에 적지 않은 영향을 미쳤다.[53] 그러나 한편 명 정부는 자신에게 거역하고 변경을 침략하여 사람과 재물을 노략질하는 일이 생길 경우에는 대군을 동원하여 정벌을 행하였다. 대표적인 예로는 성화(成化) 3년(1467) 요동 지방의 한인 사회를 침범하여 사람과 재물을 노략질하는 일을 자주 일으킨 건주좌위 동산을 처형시킨 사건이 있었다.[54]

명의 동북 지방에 대한 여진 정책은 명 태조가 자신의 아들들을 번왕(藩王)으로 분봉(分封)하여 그중 3명을 요동(遼東) 지구에 파견하면서 시작되었다. 명의 동북 지방에 대한 지배는 몇 차례의 변화를 거쳐 요양(遼陽)에 요동도지휘사사(遼東都指揮使司), 대령(大寧)에 대령도사(大寧都司), 노아간(奴兒干)에 노아간도사(奴兒干都司)를 설치하여 동북 각 지역의 위소(衛所)를 분할 통치하는 방식이 되었다. 그 후 대령도사가 내지로 이동함에 따라서 동북 지방은 요동도사와 노아간도사의 관할에 놓이게 되었다. 명대의 도사(都司)와 위소(衛所)는 본래 군사와 관련된 기관이었지만, 동북 지방의 도사와 위소는 군사와 민정까지도 관할하는 지방행정기관이었다.[55]

요동도사(遼東都司)는 홍무(洪武) 4년(1371) 요동위를 설치하는 것에서 출발하여 정요도위지휘사사(定遼都衛指揮使司)를 거쳐 홍무 8년(1375) 요

---

53 최호균, 앞의 논문, 1995, 17쪽.
54 金鐘圓, 앞의 책, 1995, 212~216쪽.
55 최호균, 앞의 논문, 1995, 15쪽.

동도사로 개칭되었고, 휘하에는 25개의 위(衛)와 2개의 주(州)가 소속되어 있었으며, 동으로는 압록강, 서로는 산해관, 남으로는 여순구, 북으로는 개원에 이르는 지역을 관할하였다.[56] 명은 요동도사를 설치한 이후 이 지역에 대한 지배를 보다 강화하기 위하여 둔전(屯田)을 설치하여 경제적 발전을 도모하였는데, 이 지역의 경제적 발전은 둔전의 진전 외에도 철공업의 발달, 마시(馬市)의 개설 등을 통해서도 이루어졌다. 특히 말 시장의 경우에는 이 지역 경제의 발전뿐만 아니라 주변 민족을 통제 내지는 지배하는 하나의 수단으로 이용되었고, 주변 민족이 이를 통하여 사회·경제적 변화를 도출해 내기도 하는 등 경제적 측면 이외에 정치·사회적 의미를 가진 것이기도 하였다.[57]

노아간도사(奴兒干都司)는 성조(成祖)가 영락(永樂) 7년(1409)에 환관 역실합(亦失哈)을 시켜 흑룡강 하류 지역을 경략하고 여기에 설치하였으며, 그 관할 지역이 흑룡강·오소리강 유역의 광활한 지역으로 중앙에서 파견한 군민 일치의 지방행정기관이었다.[58] 노아간도사는 소부락으로 나누어진 종족들을 위소 형태로 관할하였는데, 휘하의 위소는 명에 대하여 군사적·경제적 의무를 담당해야만 하였다. 노아간도사는 휘하의 위소를 이들 부족의 장에게 통치를 위임하는 일종의 기미 정책을 시행하여, 위소의 관원 임명, 상호 간 분쟁 해결, 이동 허용 등을 명에서 장악하고 있었다.[59]

---

56 최호균, 앞의 논문, 1995, 16쪽.
57 金九鎭,「明代 女眞의 中國에 대한 公貿易과 私貿易」,『東洋史學硏究』48, 1994, 28~54쪽.
58 최호균, 앞의 논문, 1995, 16쪽.
59 金斗鉉,「淸朝政權의 成立과 發展」,『講座中國史』4, 지식산업사, 1989, 143~145쪽.

만주 일대를 장악한 명은 한반도 동북방의 여진족에 대한 통제를 중시하여 위소를 두어 다스리게 되었는데, 성조(成祖)의 영락(永樂) 원년(1403)에 처음으로 건주위군민지휘사사(建州衛軍民指揮使司)를 설치하였다. 그리고 휘발하(輝發河) 상류에서 거주하고 있던 아합출(阿哈出)이 명에 귀순하자 그를 지휘사(指揮使)로 임명하였는데, 이것이 건주위(建州衛)의 효시였다.[60]

명 태조 때의 만주 지배는 남만주의 개원 이남에 그쳤는데, 성조는 더욱 넓은 지역을 지배하려고 하였다.[61] 이에 성조는 건주위 이후 노아간위(奴兒干衛)와 모련위(毛憐衛)를 두었고, 영락(永樂) 7년(1409)에는 흑룡강, 송화강, 오소리강 등 유역에 걸쳐 모두 130여 개의 위소를 설치하였다.[62]

건주위는 여진인을 조종하는 방법과 수단으로서 군장(君長)을 선정하여 그곳에 명의상의 위소를 설치하였는데, 노아간위와 모련위 등도 그 같은 형식에 불과하여 실질적으로는 명의 통합권 밖에 있었다. 이에 성조는 위소를 각 부락에 두어 여진족 세력의 통합을 방지하고자 하였다. 그리하여 부락의 추장을 위소의 도독 지휘에 임명하였는데, 이는 그들로 하여금 각기 서로 대립 상태에 놓이게 하여 적당히 조정하자는 것이었다.[63] 또한 성조는 건주위의 추장들에게 그들에 필요한 면직물을 주어서 회유하고, 칙서를 주어서 북경에 조공하게 하여 조공 무역을 행하게 하였다.

---

60 金鐘圓, 앞의 책, 1995, 212쪽.
61 최호균, 앞의 논문, 1995, 17쪽.
62 金鐘圓, 앞의 책, 1995, 212쪽.
63 李鉉淙, 『한국사』 9, 국사편찬위원회, 1984, 422~423쪽.

이처럼 성조가 여진족을 회유한 배경에는 북쪽의 몽고족을 여진족으로 하여금 측면에서 견제하게 하기 위한 것과 한반도에 새로 성립된 조선의 세력을 견제하는 데 있었다. 성조 대 두만강 연안의 일부 여진 부족들은 이미 조선의 세력하에 들어갔고, 그들은 조선을 위하여 봉사하고 있었다. 그러나 명의 세력은 개원 이남, 압록강 서쪽의 요동 평야에 지나지 못하였고, 조선과 명의 지배권 외의 넓은 지역에서 여진족은 자주적인 위치를 유지하고 있었던 것이다.[64] 그리하여 성조는 조선의 동북 변경에 흩어져 살고 있는 여진족에 대해 빈번하게 사신을 보내 위문을 하였다. 이에 일찍이 송화강 하류 지방에서 두만강 하류 지방으로 옮겨서 조선에 신복하여 태종 4년(1404) 상호군에 임명된 동맹가첩목아는 명의 끈질긴 회유 공작으로 결국 영락 11년(1413) 명에 입공하였고, 영락 14년(1416) 건주좌위도지휘사로 임명되어 독립된 세력 집단을 형성하게 되었다.[65]

그 후 동맹가첩목아는 명에 각별히 공손한 태도를 보이며 북경에 직접 조공을 바쳤고, 조선에 아들 아곡(阿谷) 등을 시켜 공물을 바침으로써 양속 관계(兩屬關係)를 유지하여 종족의 안전을 꾀했다.[66] 그리하여 명과 조선 각 나라와 여진의 관계는 거의 안정적인 상황에 이르게 되었던 것으로 보인다.

이러한 상황에서 명과 조선의 동북 지역 여진 정책에 큰 변화가 일어났다. 선덕(宣德) 8년(1433) 10월 올적합이 알목하에 침입하여 동맹

---

64 최호균, 앞의 논문, 1995, 18쪽.
65 金鐘圓, 앞의 책, 1995, 213~214쪽.
66 金鐘圓, 위의 책, 214쪽.

가첩목아를 살해하는 사건이 발생하였던 것이다.[67] 그리하여 건주좌위는 거의 멸망 상태에 이르게 되었다. 이에 조선에서는 세종 15년(1433) 11월 여진족의 내분을 이용하고 이를 영토 회복의 기회로 삼아 두만강 유역에 거진을 설치하고자 하였고,[68] 명은 선덕 9년(1434) 2월 동맹가첩목아의 아우 범찰(凡察)을 도독첨사로 승진시키고 좌위를 관장하게 하였다.[69] 그런데 범찰이 좌위를 다스린지 얼마 후인 세종 20년(1438) 동맹가첩목아의 아들 동산(董山)이 속환(贖還)되었다.[70] 그 후 좌위는 동맹가첩목아의 지위를 계승하고자 하는 동산과 범찰 사이의 지휘권을 둘러싼 분쟁이 끊이지 않았다. 이에 명은 정통(正統) 7년(1442) 좌위를 나누어서 우위를 신설하여 동산은 좌위를 관장하게 하였고, 범찰은 우위를 관장하게 하였다.[71]

이처럼 명은 동북여진에 대한 분리통어책(分離統禦策)을 적용하여 건주위의 통합을 방지하고, 그들로 하여금 각기 서로 대립 상태에 놓이게 하여 적당히 조정하고자 하였다. 한편 명은 여진족의 질서를 유지하기 위하여 군사를 파견하여 그들을 정벌하기도 하였다. 즉 좌위를 관장하는 동산이 건주위의 이만주와 우위의 범찰이 세력이 부진한 틈을 타서 건주삼위를 모두 관장하려고 꾀함으로써 건주여진의 세력이 통일되는 듯하였다. 그리고 동산이 모련위 등 여진 부족과 합세하여 요동 지방의 한인 사회를 침범하기도 하였다. 이에 명은 성화(成化) 3년(1467)에 대군을 보내어 좌위의 동산을 처형하였고, 건주위

---

67 『世宗實錄』卷62, 世宗 15年 10月 戊寅條.
68 『世宗實錄』卷62, 世宗 15年 11月 庚子條.
69 金鐘圓, 앞의 책, 1995, 215쪽.
70 『世宗實錄』卷80, 世宗 20年 1月 辛卯條.
71 金鐘圓, 앞의 책, 1995, 215쪽.

와 우위를 정벌하였다.⁷² 그 후 명은 다시 회유책으로 건주 3위를 부활시켰다. 그러나 여진족의 소란은 그치지 않고 그들은 이만주 등의 피살에 대한 보복을 구실로 자주 변경을 침범하였다. 이에 명은 중국에 사신으로 가는 조선의 사행을 여진족의 약탈에서 보호하기 위해 군대를 주둔시키기도 하였다.⁷³

요컨대 명의 동북 지방에 대한 여진 정책은 기미책을 실시하여 여진족의 추장에게 황제가 직접 관직을 수여하기도 하였고, 명 조정에 거역하고 변경을 침략하면 대군을 동원하여 정벌을 행하기도 하는 등 여러 측면에서 시행되었다. 그리고 명은 여진족의 통합과 상호 결속을 방해하는 분리통어책을 지속적으로 실시하였다.

3. 성저야인의 성장과 동향

세종 대에 설치한 6진은 대대로 두만강 유역에 거주해왔던 여진인들의 입장에서 보면 자신들의 거주지를 빼앗기는 것으로써 불만스러운 것이었다.⁷⁴ 그리고 여진인들에게는 생필품 조달의 어려움이라는 문제까지 대두되었다. 조선 건국 초기 두만강 유역에서 반농반목의 상태로 거주해왔던 여진인들은 쌀, 콩, 옷감 등 생활에 필요한 물자를 자체적으로 조달하기 어려운 상황이어서, 이들 생필품을 조선과 우호적인 관계를 유지하면서 얻어가기도 하였으나 때로는 불시에 조

---

72 金鐘圓, 앞의 책, 1995, 216쪽.
73 全海宗, 「15世紀 東亞情勢」, 『한국사』 9, 국사편찬위원회, 1984, 278~288쪽.
74 김순남, 「조선전기 5진 藩胡 동향의 추이」, 『역사와 실학』 46, 역사실학회, 2011, 79쪽.

선의 변경을 침범해 노략질을 하여 충당하였기 때문이다.[75]

세종은 여진인들의 불만을 해소하고 노략질을 막기 위하여 여진인들과 화친하면서 진의 성 아래에 거주하게 하였고, 또한 그들이 요구하는 쌀·베·소금·장 등의 생필품을 내어주는 등 회유책을 실시하였다.[76] 그리하여 단종 대에는 두만강 유역 진의 부근에 여진인들이 많이 거주하였다. 〈표 2-2〉는 『단종실록』 권13, 단종 3년(1455) 3월 기사조(己巳條)의 기록과 기존의 연구 성과를 분석하여 정리한 것이다.

〈표 2-2〉 단종 3년(1455) 두만강 유역 진 부근의 여진인 부락과 가와 장정의 수

	부락	가	장정	비고
경원진	동림강외	9가	30여 명	동쪽으로 39리
	백안가사	6가	20여 명	남쪽으로 90리
	건가퇴	3가	10여 명	79리 강내
	오롱초	6가	20여 명	50리 강내
	여보도	25가	40여 명	동쪽으로 28리 강외
	하훈춘	80가	155여 명	40리 강외
	훈융강외	24가	50여 명	17리
	상훈춘	61가	120여 명	60여 리
합계	8개 부락	214가	445여 명	
경흥진	하다산	17가	36명	동쪽으로 30리 강외
	초관	20가	42명	동쪽으로 一日程 강외
	여산	3가	8명	동쪽으로 二日程 강외
	어지미	2가	6명	동쪽으로 四日程 강외
	회이춘	6가	21명	북쪽으로 30리 강외
	여오리	8가	18명	북쪽으로 30리 강내
	아을아모단	-	-	40리 강내
	강양	4가	10명	북쪽으로 20리 강내
합계	8개 부락	60가	141여 명	

---

75 徐炳國, 「朝鮮前期 對女眞關係」, 『國史館論叢』 14, 국사편찬위원회, 1990, 138쪽.
76 『世宗實錄』 卷90, 世宗 22年 8月 戊子條.

	부락	가	장정	비고
온성진	미전	-	-	동쪽으로 30리 강내
	다온	7가	13명	10리 강외
	이마퇴	6가	13명	서쪽으로 15리 강내
	시건	10가	22명	서쪽으로 25리 강외
	보청포	19가	30명	서쪽으로 35리 강외
합계	5개 부락	42가	78여 명	
종성진	행성저	5가	9명	(강내)
	수주	15가	26명	20리(강내)
	수주	47가	93명	서쪽으로 20리(강외)
	동건	10가	20명	북쪽으로 15리(강내)
	-	12가	41명	32리(강내)
	아치랑귀	6가	300여 명	서쪽으로 195리
	이응거	-	30여 명	270리(강내)
합계	7개 부락	95가	519여 명	
회령진	오롱초	40여 가	80여 명	북쪽으로 20리(강내)
	사오이	7가	10여 명	북쪽으로 10리(강외)
	오음회	9가	20여 명	4리(강내)
	-	15가	30여 명	서쪽으로 13리(강내)
	하보을하	7가	15여 명	서쪽으로 20리(강내)
	하다가사	2가	9명	서쪽으로 35리(강외)
	상보을하	7가	15여 명	서쪽으로 55리
	사지	15여 가	30여 명	서쪽으로 90리
	무을계	20여 가	40여 명	서쪽으로 135리
	잉읍포가사	20여 가	40여 명	서쪽으로 180리
	화상가사	9가	20여 명	서쪽으로 180리
	보이하	20여 가	30여 명	서쪽으로 180리
	아치랑귀	50여 가	110여 명	서쪽으로 210리
	상가하	14가	20여 명	서쪽으로 210리
	벌인	45가	100여 명	서쪽으로 207리
	모리안	30여 가	60여 명	서쪽으로 270리
	하동량	20여 가	70여 명	서쪽으로 120리
	중동량	40여 가	80여 명	서쪽으로 280리
	허수라	-	10여 명	서남쪽으로 210리
	상동량	10여 가	20여 명	서남쪽으로 210리
	박가별라	8~9 가	20여 명	서남쪽으로 240리
합계	21개 부락	389가	829여 명	
총계	49개 부락	800여 가	2,012여 명	

〈표 2-2〉에서 알 수 있듯이 단종 3년(1455) 두만강 유역 진 부근의 여진인 부락(部落)은 49개, 가(家)는 800여 가, 장정(壯丁)은 2,012여 명이 거주하였다. 그리고 이들은 예종 대(睿宗代)부터 성저야인(城底野人)이라고 불리기 시작하였다.[77]

여진 사회는 15세기 중엽부터 농경의 보편화가 이루어지면서 생산의 증대를 위한 농기구가 필요하게 되었다.[78] 이에 성저야인이 농기구를 조선에서 구하여 여진인에게 판매하였다. 이와 같은 정황은 성종 23년(1492) 9월에 장령 양희지가 다음과 같이 아뢴 내용에 잘 나타나 있다.

> 양희지가 아뢰기를, "여진인은 오직 활을 쏘고 사냥하는 것만 알고 농사짓는 것을 일삼지 아니하는데, 듣건대 근년 이래로 자못 농경을 직업으로 한다고 합니다. 그리고 그 농사 기구는 모두 우리나라에서 나온 것인데, 이는 반드시 성 아래에 거주하는 사람이 판 것입니다. 청컨대 엄하게 금지하소서."하니, 왕이 말하기를, "어찌 갑자기 금지할 수 있겠는가. 수령이 만약 어질면 저절로 이런 폐단이 없어질 것이다."라고 하였다.[79]

15세기 후반부터 16세기, 즉 조선의 성종, 연산군, 중종 대를 거치면서 여진 사회는 많이 발전하였는데, 그 발전의 동력이 되었던 것은 조선과의 모피 교역이었다. 왜냐하면 당시 조선에서는 지배층을 중심으로 모피 수요가 급증하였기 때문이다. 그리하여 16세기에 소와

---

77 『睿宗實錄』卷17, 睿宗 1年 8月 辛未條.
78 김순남, 앞의 논문, 2011, 88~89쪽.
79 『成宗實錄』卷269, 成宗 23年 9月 乙未條.

말이 필요했던 여진인과 품질 좋은 노랑가슴담비의 털가죽이 필요했던 조선 사이에 모피 교역이 활성화되었던 것이다.[80] 이러한 배경으로 성저야인은 농경을 하면서 조선과의 모피 교역을 통해 경제적 이득을 취하면서 성종 대를 지나 연산군 대를 거치면서 더욱 성장하였다. 이는 중종 1년(1506) 우의정 박원종이 다음과 같이 아뢴 것으로 알 수 있다.

> 폐왕조에 피물 무역하는 일로 북도의 백성이 폐해를 입음이 너무 심하여 가졌던 소와 말을 모두 성저야인에게 팔아버렸고, 여진인은 또 북로와 혼인을 맺고 있습니다. 그리하여 여진인은 강성해지고 우리나라 사람은 날로 더욱 피폐하여졌으니, 북도의 절도사를 가려 차임하는 것이 마땅합니다.[81]

중종 3년(1508)에는 두만강 유역에 설치한 진의 군사들이 이리저리 도망하여 거의 텅 비게 되었으므로 성저야인이 변방을 침입하였다.[82] 당시 그곳에서는 흉년으로 백성의 많은 수가 떠돌아다녔으며, 남아 있는 사람들도 먹을 것이 없어 힘들어하고 있었다.[83]

중종 7년(1512)에는 성저야인의 수가 두만강 유역 진의 사람들보다 두 배 이상 많았고, 성저야인 추장 망합은 두만강 유역에 설치한 진의 성에 출몰하며 노략질을 하고 성을 포위하기도 하였다.[84]

---

80 김순남, 앞의 논문, 2011, 88~89쪽.
81 『中宗實錄』卷1, 中宗 1年 9月 甲辰條.
82 『中宗實錄』卷5, 中宗 3年 2月 癸巳條.
83 『中宗實錄』卷6, 中宗 3年 6月 庚寅條.
84 『中宗實錄』卷16, 中宗 7年 6月 癸亥條.

4. 성저야인에 대한 인식 변화와 6진의 정비

세종 대 6진의 설치 이후 진의 성 아래에 거주하기 시작한 성저야인이 중종 대에 이르러 두만강 유역에 설치한 진의 사람들보다 두배 이상이나 많았고, 진의 울타리 역할을 하였던 그들이 진의 성에 출몰하며 노략질을 하고 성을 포위하기도 하자 성저야인에 대한 조선 정부의 인식이 변화하기 시작하였다. 성저야인이 배반을 하면 변방이 위태로워질 수 있다는 판단이 이루어진 것이었다. 그리하여 많은 신하들이 그들에 대한 방비를 중종에게 아뢰었다. 이에 대한 내용이 중종 9년(1514) 기록에 다음과 같이 기술되어 있다.

> 공조참판 유미가 아뢰기를, "신이 육진의 성 아래에 거주하는 여진인을 살펴보니, 깊은 곳에 거주하는 우지개와 결혼을 하거나 서로 사귀고 국경 지방을 드나들면서 방비의 허실을 자세히 알고 있으므로, 조금이라도 그들의 뜻에 맞지 않을 경우에는 심히 걱정이 됩니다." (중략) 갑산부사 황침이 서계하기를, "육진의 군졸은 매우 가난하고 기계도 완전하지 못하며 말을 가진 사람도 적은 편인데, 성 아래에 거주하는 여진인은 날로 더욱 번성하고 부유하여 모두 말을 가졌으며 많은 사람은 둔전을 만들어 놓아 먹이기도 하니, 불행히 사변이 창졸 간에 일어난다면 무엇으로써 이를 막겠습니까."라고 하였다.[85]

성저야인은 자신들의 요구가 충족되지 않을 경우 그에 대한 반감을 노골적으로 표출하였는데, 중종 10년(1515) 성저야인 망합(莽哈)의 다음과 같은 일로 조선 정부는 매우 혼란스러웠다.

---

85 『中宗實錄』 卷21, 中宗 9年 10月 壬寅條.

'여진인 추장 망합이 대궐 뜰에서 절하고 하직하므로 예방 승지 이자화가 지금까지 주던 물건을 가져다 나누어 주었다. 망합은 하사받은 물건이 그 뜻에 맞지 아니하고 또 그 아들 아질두가 당상관에 승진하지 못한 까닭에 공손하지 못한 말을 많이 입밖에 내더니, 광화문 밖에 나가자 그 통사를 구타하면서 관교를 승지에게 돌려주라.' 라고 하였다.[86]

위의 내용에서 알 수 있듯이 성저야인 망합이 자신의 요구가 충족되지 않자 그에 대한 반감을 노골적으로 표출하여 무례한 행동을 하였다. 이에 조선 정부는 의금부도사 김인손 등을 길주로 보내 망합 등을 붙잡아 왔다.[87] 그리고 망합에 대한 뒷처리를 논의하여 그를 석방하여 돌려 보낼 경우 분하고 원통함이 풀리지 않아 변방에서 말썽을 일으키고 여진인의 부락들을 유인하여 두만강 유역의 진을 침범할 우려가 있으니 그를 외딴 섬에 두자는 정광필의 의견에 따라,[88] 망합을 아들과 함께 진도로 귀양을 보냈다.[89] 이러한 상황으로 지변사재상(知邊事宰相)의 필요성이 더욱 절실해졌다.[90]

조선 정부에 반감을 표출한 망합 부자를 진도로 귀양 보낸 다음 해에 중종은 함경도 관찰사와 병마절도사에게 성저야인에 대한 경계를 엄중히 할 것과 무기는 정비하고 군량은 저축하여 군사의 기세를 양성하고 먼 데까지 자세히 정찰하고 요새를 수비하여 철저하게 변경

---

86 『中宗實錄』卷21, 中宗 10年 1月 丙戌條.
87 『中宗實錄』卷21, 中宗 10年 2月 壬子條.
88 『中宗實錄』卷21, 中宗 10年 3月 乙丑條.
89 『中宗實錄』卷21, 中宗 10年 3月 乙丑條.
90 육군본부, 앞의 책, 1968, 347~348쪽.

을 지킬 것을 명령하였다.[91] 그리고 1년 뒤인 중종 12년(1517)에 국방 문제를 논의하기 위한 기구의 필요성으로 비변사(備邊司)를 설치하였다.[92] 이는 조선 정부가 성저야인의 세력이 커진 것을 인식하고 변경 방비를 대비하기 위한 기구의 필요성을 절감하였기 때문이다.

중종 16년(1521)에는 8도의 관찰사·절도사에게 유서를 내려 전국 요해처의 성곽을 수리하고 병기를 정비하며, 군량을 비축하고 봉수(烽燧)를 개설하여 변경의 방비를 철저히 할 것을 명하였다.[93] 그리하여 세종 대에 개척한 6진의 성곽과 봉수 등을 수리하고 정비하였다. 〈표 2-3〉은 세종 대 6진을 설치한 후 단종 2년(1454)에 편찬한 『세종실록지리지』와 중종 16년의 유서로 6진을 정비한 후 중종 25년(1530)에 편찬한 『신증동국여지승람』의 성 둘레와 봉수를 비교하여 정리한 것이다.

〈표 2-3〉 중종 대 6진의 방어 시설

	성 둘레(척)		봉수(개)	
	세종실록지리지	신증동국여지승람	세종실록지리지	신증동국여지승람
경원진	5,100	14,403	8	8
회령진	8,138	19,001	13	17
종성진	8,603	20,233	8	12
온성진	10,000	17,966	15	15
경흥진	7,091	13,544	6	9
부령진	7,000	10,715	5	9
합계	45,932	95,862	55	70

91 『中宗實錄』卷21, 中宗 11年 4月 庚午條.
92 備邊司의 설치에 대한 자세한 내용은 육군본부, 앞의 책, 1968, 345~350쪽 참고.
93 『中宗實錄』卷3, 中宗 16年 8月 辛卯條.

〈표 2-3〉에서 알 수 있듯이 세종 대 6진을 설치하였을 당시에는 성 둘레가 총 45,932척이었는데, 그 후 6진을 계속 정비하여 중종 16년(1521)에는 성 둘레가 총 95,862척으로 2배 이상 늘어났다. 그리고 봉수도 55개에서 70개로 늘어났다.

경원진(慶源鎭)은 중종 대에 성 둘레가 14,403척으로 세종 대보다 2.5배 이상 늘어났다. 이는 경원진의 북쪽이 두만강까지 16리이고, 여진인들이 오가는 길의 요해처(要害處)였기 때문이다.[94] 회령진(會寧鎭) 은 성 둘레가 19,001척으로 세종 대보다 2배 이상 늘어났고, 봉수도 17개로 증가하였다. 또한 행성(行城)의 성 둘레가 31,600척으로 세종 대보다 크게 증가하였다. 이는 회령진의 서쪽이 두만강까지 6리이고, 여진과의 요충 지대에 해당하며, 알타리의 남아 있는 종족들이 거주하고 있어서 요해처로서 매우 중요하였기 때문이다.[95]

종성진(鍾城鎭)은 중종 대에 성 둘레가 20,233척으로 세종 대보다 2.3배 이상 늘어났다. 그리고 종성진의 성 둘레는 경원진과 회령진보다 길다. 이는 종성진이 담당하는 방어 정면이 다른 지역보다 상대적으로 좁고, 북병사(北兵使)의 행영(行營)이 설치되어 있었기 때문이다. 행영은 두만강이 얼게 되면 여진이 빙판을 이용하여 쉽게 침입할 수 있기 때문에 북병영에 위치해 있던 북병사를 비롯한 우후, 평사, 군관 등이 이를 방어하고자 한시적으로 위치하는 장소였다.[96] 행영은 함경도 북도 지역에 변란이 발발했을 때 북병사가 군사들과 함께 해당 지역을 신속히 구원하는 것이 가장 중요하였다. 그러므로 종성진

---

94 『新增東國輿地勝覽』卷50, 咸鏡道, 慶源都護府, 建置沿革條.
95 『新增東國輿地勝覽』卷50, 咸鏡道, 會寧都護府, 建置沿革條.
96 오종록, 앞의 논문, 1993, 57쪽.

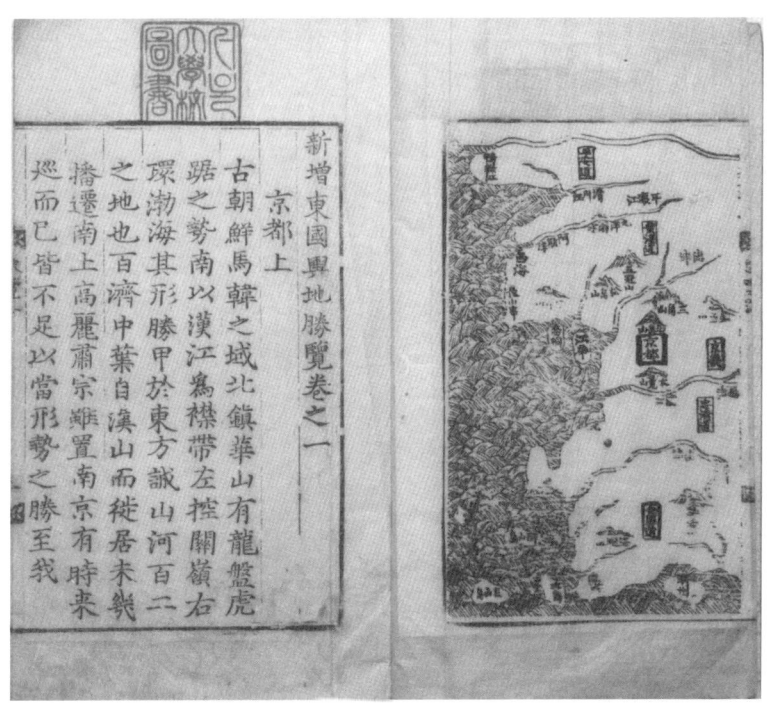

〈그림 2-4〉 신증동국여지승람 (출처: 한국학중앙연구원)

의 성 둘레가 길었던 것은 종성 지역에서는 방어 중점이 거진인 종성진보다 행영에 놓였기 때문이라고 할 수 있다. 한편 봉수는 12개로 세종 대보다 증가하였다. 이는 종성진의 서쪽이 두만강까지 1리 밖에 되지 않아 여진과 거리가 가장 가까워 이들의 침입에 상대적으로 많이 노출되어 있었기 때문에 위급한 상황에서 신속히 연락을 취하는 방법으로 다른 지역보다 봉수가 많이 설치되었던 것이었다.

온성진(穩城鎭)은 중종 대에 성 둘레가 17,966척으로 세종 대보다 1.7배 이상 늘어났고, 봉수는 15개로 가장 많이 설치되었다. 이는 온성진의 북쪽이 두만강까지 5리 밖에 되지 않는 함경도 최북단에 위치하였고, 다른 지역보다 지형이 험준하여 도로가 제대로 발달되어 있지 않았기 때문이었다.[97] 여진과 거리가 가장 가까워 이들의 침입에 상대적으로 많이 노출되어 있었기 때문에 유사시 인접 진보에 신속히 연락을 취하기 위하여 온성진에는 봉수가 가장 많이 설치되었다.[98] 경흥진(慶興鎭)과 부령진(富寧鎭)도 방어 시설을 정비한 후 성 둘레 길이와 봉수의 수가 세종 대보다 늘어났다.

이와 같이 조선 건국 초기 두만강 유역의 여진과의 관계는 매우 우호적이었으나 세종 15년(1433) 동맹가첩목아의 피살 이후 두만강 유역의 여진인이 혼란에 빠지자 종래의 회유 정책에서 강경 정책을 실시하여 두만강 유역에 6진을 설치하였고, 그 후 두만강 유역의 여진인의 침입에 대비하기 위하여 6진의 성을 지속적으로 정비하면서 성곽과 봉수를 늘려 나갔다.

조선은 건국 초부터 여진의 침입을 방어하기 위하여 주요 지역에 성을 축조하였다. 조선이 성을 축조한 이유는 성을 토대로 수성전과 지연전을 의도하고 이를 통해 석의 병참선을 연장시켜 적이 지치거나 적의 긴장 상태가 이완된 틈을 이용해서 공격하기 위함이었다. 이는 여진에 비해 부족한 군사력을 보유한 조선이 취할 수 있는 가장 적절한 선택이었다. 이러한 배경으로 번호의 침입에 대비하여 6진의 성을 정비하였기 때문에 성 둘레가 늘어났던 것이다.[99]

두만강변을 따라 위치한 함경도 북도 지역의 29개 진보는 지리적으로 두만강의 폭이 좁아지거나 수심이 얕은 지역, 그리고 강의 지형

---

97 강영철, 앞의 논문, 1980, 375~377쪽.
98 김순남, 앞의 논문, 2009, 42쪽.
99 尹浩亮, 앞의 논문, 2009, 9쪽.

이 조선 쪽으로 굽어 들어오면서 상대적으로 여진이 침입하기 쉬운 지역 등에 설치되었다.[100] 그리하여 6진 지역의 지역적 특징을 고려해 주요 지점에는 진보를 설치하여 조선은 함경도 전 지역을 영토로 확보하였다.

---

100 강성문, 앞의 논문, 2001, 107~123쪽.

世宗莊憲大王實錄卷第一百四十八

地理志

京都漢城府

東國地志略在三國史他無可稽我世宗大王命尹淮申檣等考州郡沿革乃撰是書歲壬子書成厥後離合不一特舉兩界新設州鎮續附于其道之末云

京都漢城府本高句麗南平壤城一名北漢山郡百濟近肖古王以東晉簡文帝咸安二年壬申自南漢山來都今廣州南漢山即歷一百五年文周王避高句麗之難後都熊津高麗初改為楊州肅宗時有術士金謂碑者據玉龍禪師道詵密記上言楊州有木覓壤可立城日者少府監文象從而和之四年己卯九月王親幸相地命平章事崔思諏知奏事尹瓘董其役經始于五年辛巳訖功于九年甲申即宋徽宗崇寧三年也八月王來達觀陞為南京留守官自是仁宗毅宗忠烈王恭愍王恭讓王皆巡駐于此忠烈王三十四年戊申改為漢陽府置判官至元武宗本朝太祖康獻大王即大明太祖洪武二十五年乙亥二月甲午定都于此三年甲戌十月始營宗廟宮室九月始告成都城周回九千九百七十五步北自白嶽祠南至木覓祠徑六千六十三步東自興仁門至敦義門徑四千三百八十六步

제3장

니탕개란의 발발과 조선의 대응

제3장

니탕개란의 발발과 조선의 대응

1. 16세기 후반 동북 지역의 정세와 선조 대 번호 정책

　선조가 즉위한 16세기 후반 동북 지역의 정세에는 커다란 변화가 일어났다. 동북 지역의 여진 사회 내부에 변화가 일어났고, 명나라가 동요하기 시작하였던 것이다. 그리하여 명과 여진의 관계는 이전과 다른 양상으로 전개되는 상황이었다. 한편 16세기 후반 명은 대내적으로는 중앙에서 황제의 무능, 환관의 전횡, 관료 간의 당쟁으로 정치가 극도로 문란해지고 부패하자 지방에서도 농민의 반란이 일어나는 등 쇠퇴해져 갔다. 대외적으로는 16세기 초에 타타르가 내몽고 일대를 지배하자 그들과의 대립이 격화되었다. 일본과는 1523년 공식적인 조공 무역이 단절된 후 왜구의 약탈이 격심하였고 밀무역도 성행하였다. 이에 명(明)은 1546년 해금령(海禁令)을 실시하여 해외 출항을 금지시켰다.[1]

명대 몽골·여진 정책은 명을 중심으로 동북아 국제 질서를 안정시키려는 정책이었으나 초기부터 북방 지역으로의 진출이 차단됨으로써 대외 세력을 통제할 수 있는 힘이 약화될 수 밖에 없었다. 이는 상대적으로 여진에게는 명의 방어선 밖에서 성장할 수 있는 좋은 기회를 주었다.[2] 그리하여 16세기 후반 세력이 강성해진 건주우위(建州右衛) 도지휘(都指揮) 왕과(王杲)와 그의 아들 아태(阿台)의 세력은 명의 변경을 자주 침범하여 다수의 지방관을 살해하였고, 만력(萬曆) 2년(1574)에는 명과의 시장 거래를 끊고 요양과 심양을 침범하기에 이르렀다. 이에 같은 해 10월 명의 요동총병(遼東總兵) 이성량(李成梁)이 수만의 군사를 거느리고 왕과(王杲)의 소굴을 토벌하여 1천여 명을 살해하였고, 이듬해에는 왕과를 사로잡아 대궐로 보내 처형하였다.[3]

한편 조선은 건국 초기부터 왕이 승하하면 명 황제에게 승하한 왕을 위해 시호(諡號)를 내려주고 새로 즉위할 왕에게 책봉(冊封)해 줄 것을 요청하였다. 이는 명 황제에게 왕 승습(承襲)을 요청하여 왕권의 정통성을 대내외적으로 공시하고자 했던 것으로 조선에 매우 중요한

---

1 최호균,「조선중기 對女眞관계의 연구」, 성균관대 박사학위논문, 1995, 19~20쪽.
2 南義鉉,「明代 遼東支配의 構造와 限界 -遼東都司와 奴兒干都司를 중심으로-」,『만주연구』4, 만주학회, 2006. 19쪽.
3 金鐘圓,『한국사』29, 국사편찬위원회, 1995, 216~217쪽.

일이었다.[4]

이러한 상황에서 1567년 명종이 후사 없이 승하하였다.[5] 뒤를 이어 중종의 서손인 선조가 즉위하였고,[6] 명에 시호를 청하기 위하여 청을 개설하고 행장을 짓게 하였다.[7] 그러나 명은 선조를 조선의 왕으로 책봉하는 칙서를 바로 내려주지 않았으므로, 선조의 지위는 조선국권서국사(朝鮮國權署國事)에 머물렀다. 마침내 선조 즉위년(1567) 11월에 명이 책봉고명(冊封誥命)을 내려 선조는 정식으로 조선의 국왕이 되었다.[8]

이와 같이 16세기 말 동북 지역은 여진 사회의 내부 변화, 명과 여진의 관계, 조선과 명의 관계가 이전과 다른 양상으로 전개되는 상황에 있었다. 그리하여 선조는 즉위 초부터 전국 각 고을의 수령을 청렴한 덕이 있는 자를 발탁하여 등용하라는 전교를 내렸다.[9] 이는 선조가 두만강 유역 진의 수령을 청렴한 덕이 있는 사람으로 임명하여 변장(邊將)을 다스리고 번호(藩胡)에 대해 일정한 통치 질서를 구축하여 동북 지역의 정세를 파악하고 이에 대처하고자 함이었다.

16세기 이후 성저야인 중심의 여진 사회는 농경의 발달로 정착 마을이 광범위하게 늘어나면서 중심 부락이 생겨나기 시작하였다. 그리고 진을 중심으로 평야 지대에 널리 퍼져 살면서 농경 생활을 하

---

4 이현진, 「명·청의 賜祭·賜 諡에 대한 조선의 대응」, 『朝鮮時代史學報』 63, 朝鮮時代史學報, 2012, 133~138쪽.
5 『明宗實錄』 卷34, 明宗 22年 6月 辛亥條.
6 『宣祖修正實錄』 卷1, 宣祖 즉위년 7月 丙辰條.
7 『宣祖修正實錄』 卷1, 宣祖 즉위년 7月 庚午條.
8 『宣祖實錄』 卷163, 宣祖 36年 6月 甲辰條.
9 『宣祖實錄』 卷1, 宣祖 卽位年 10月 丙申條.

던 여진족들을 번호라고도 하였다.[10] 번호들은 대부분 성 밑에 살면서 농업에 종사하였고, 변경의 백성들과 밀접한 유대 관계를 가졌으며 수령이나 변장의 세력권에 있었으므로 항시 조선에 유리한 정보를 제공해야 했고, 변경 관리의 지시에 복종할 것을 요구받았다.[11]

　이처럼 번호는 조선에 복속하여 내지의 복속하지 않은 여진인의 침입을 막아주는 울타리 역할을 했다. 이에 대한 내용이 선조 16년(1583) 2월 1일 니탕개 침입 기사의 사론에 다음과 같이 기록되어 있다.

> 　북도의 오랑캐로서 강 건너 변보 가까이 살며 무역을 하고 공물을 바치는 자들을 번호라고 하고, 백두산 북쪽에 사는 여러 오랑캐로서 아직 복속하지 않은 자들을 심처호라고 하는데, 그들 또한 때때로 변방에 찾아와 정성을 바치기도 하였다. 그러나 심처호가 변방에 들어오려고 할 때면 번호가 즉시 보고하고 이들을 막거나 구원을 하는 역할을 하였다. 따라서 조종조 때부터 번호를 후하게 대해준 것은 이 때문이었다.[12]

　조선 정부는 번호를 변방 대책의 일환으로 활용하고자 이들에게 관직을 주거나 토지와 식량을 지급하고, 조선의 여자와 결혼을 허용해 주는 등의 회유책을 실시하였다. 실제로 번호들이 그 역할을 제대로 하도록 만들기 위해서는 지속적인 관리가 필요하였다.[13] 그리하여 조선 조정에서는 번호가 복속하지 않은 여진인들의 정세를 보고하

10　김구진·이현숙, 「制勝方略의 北方 防禦 체제」, 『국역 제승방략』, 세종대왕기념사업회, 1999, 48쪽.
11　李章熙, 「壬亂前의 西北邊界政策」, 『李章熙全集』5, 景仁文化社, 2011, 82쪽.
12　『宣祖修正實錄』卷17, 宣祖 16年 2月 甲申條.
13　최호균, 앞의 논문, 1995, 10~15쪽.

고 유사시에 제공하는 군사적 의무의 대가로 농경에서 얻지 못하는 소금이나 면포 등의 생필품을 구할 수 있는 사회·경제적 이점을 누릴 수 있도록 하였다.[14]

이러한 무휼책과 두만강 유역 여진 사회의 농경 발달로 명종대를 거쳐 선조 초까지 함경도 두만강 유역의 진을 중심으로 번호는 증가 폭이 확대되어 많이 분포해 있었다. 〈표 3-1〉은 김종서가 저술한 것을 선조 21년(1588) 함경북도병마절도사 이일이 증수한 『제승방략』에 기록된 진 부근의 번호를 정리한 것이다.

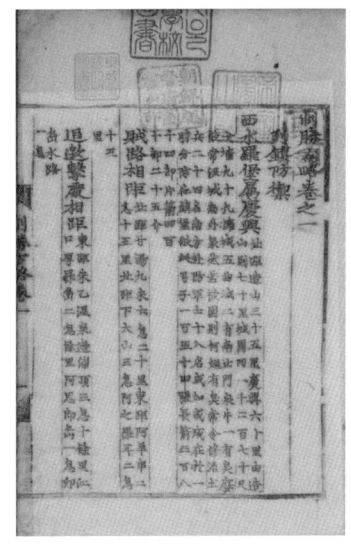

〈사진 3-1〉 제승방략
(출처: 한국학중앙연구원)

〈표 3-1〉 『제승방략』에 기록된 진 부근의 번호

진	번호 부락	번호 호수
경흥진	20	238
경원진	50	1,393
온성진	37	1,614
종성진	99	3,342
회령진	83	1,936
계	289	8,523

---

14 한성주, 「조선전기 두만강유역 '女眞 藩籬·藩胡'의 형성과 성격」, 『한국사학보』 41, 고려사학회, 2010, 180쪽.

〈표 3-1〉에서 알 수 있듯이 번호는 종성진에 가장 많았고, 그 다음이 회령진, 온성진, 경원진 순으로 많았으며, 경흥진에 가장 적었다. 이를 통해 선조 초기 두만강 유역 진 부근에 번호가 많이 거주하고 있었다는 것을 확인할 수 있다.

번호는 조선인들과 섞여 살기도 하였고, 조선인도 농사를 위해 번호 지역에 들어가 부락을 이루며 살기도 하였다.[15] 그런데 16세기 후반부터 대부분의 여진족의 생활 형태가 수렵 및 어로 생활에서 농경 생활로 변화되면서 조선에 적대적인 여진 세력이 감소하였다. 이러한 배경으로 조선은 국방의 완충 역할을 하였던 번호들을 회유할 필요성이 점차 줄어 들었다. 여진의 주요 교섭 대상이 명나라로 확대되기도 하면서 조선과 번호를 이어주던 여진의 존재감은 상실되어 갔고, 조선과 번호의 관계는 점차 소원해져 갔다.[16]

조선 정부는 번호의 수용을 둘러싸고 찬반양론으로 견해가 나뉘어 일관성 있는 대책을 세우지 못하고 수시로 정책을 바꾸었다. 번호의 수용이 조선 측에 유리하다 함을 내세우는 자의 견해는 번호가 국가의 울타리가 되어 지켜준다고 하여 변경을 수호하는데 보탬이 된다는 것이었다. 그리고 번호의 수용을 반대하는 견해는 여진인은 100년간 귀순하여 산다고 해도 하루아침에 사소한 일로 불만을 품고 조선인을 살해하기 때문에 번호는 도저히 믿을 수 없다는 것이었다.[17]

이러한 상황에서 명종 10년(1555) 이후 함경도의 변장(邊將)에 무자

15　南義鉉, 「16~17세기 豆滿江 邊境地帶 女眞의 성장과 국제질서의 변화 -瓦爾喀 등 女眞族 통합과정을 중심으로-」, 『명청사연구』 41, 명청사학회, 2014, 84쪽.
16　尹浩亮, 「宣祖 16년(1583) '尼湯介의 亂'과 조선의 군사전략」, 고려대 석사학위논문, 2009, 15~16쪽.
17　李章熙, 「壬亂前의 西北邊界政策」, 『李章熙全集』 5, 景仁文化社, 2011, 81~82쪽.

격자들이 임명되어 번호들의 불만을 사는 일이 생겨나게 되었다. 원래 두만강 유역 진의 변장은 선전관이나 육조의 낭관 중에서 임명을 하였다. 그런데 을묘왜변 이후에 남방을 중시하게 되어 북방의 첨사나 만호 등의 변장은 자격 미달인 인물들이 임명되었다. 그리하여 변경의 방비가 해이해졌을 뿐만 아니라 토병도 이들의 탐학으로 괴로움을 당하고 있었다.[18]

또한 두만강 유역 진의 변장들이 여진인과 몰래 내통하여 매매를 자행함에 따라 군사들과 백성들의 생활은 더욱 피폐해졌다.[19] 이러한 사실은 명종 대 대부분의 시기를 함경도 종성에서 유배 생활로 보낸 유희춘이 선조 7년(1574) 5월 경연에서 다음과 같이 아뢴 것으로도 확인된다.

> 유희춘이 아뢰기를, "박근원이 진달한 서북 지방에 감군어사를 보내자는 말은 이치가 있는 말입니다. 대개 다른 도에는 보낼 필요가 없지만 오직 양계에는 마땅히 보내야 합니다. 대개 신이 오랫동안 북쪽 변방에 유배를 가서 있었기에 실정을 모두 알고 있습니다. 왕화가 멀어 수령이나 진의 장수들이 탐오하고 포악하며 부정한 자가 있을 뿐 아니라 토호와 군관이 여진인들을 침탈하는 경우도 있었습니다. 만일 어사를 보내어 1년에 너댓 달만 왕래하게 하더라도 수령들이 두려워하고 조심하여 군민들이 거의 되살아날 수가 있을 것입니다."라고 하니, 상이 이르기를, "경이 유배갔던 지역이 바로 종성이구나."라고 하였다.[20]

---

18 『明宗實錄』卷29, 明宗 18年 8月 癸丑條.
19 『明宗實錄』卷33, 明宗 21年 12月 乙未條.
20 『宣祖實錄』卷7, 宣祖 7年 5月 癸巳條.

여진인에 대한 침탈은 북쪽 변방의 토호와 군관만이 아니라 수령에 의해서도 자행되었다. 선조 6년(1573) 2월 유희춘이 명종 대 귀양살이 때의 경험을 다음과 같이 말한 것으로 알 수 있다.

> 유희춘이 대답하기를, "말썽은 반드시 큰 데에서만 일어나는 것이 아니라 작더라도 화가 맺히는 수가 있습니다. 신이 육진에서 귀양살이할 때에 경흥부사가 백성의 식량이 모자라기 때문에 두만강을 건너 저들의 땅에 침입하여 빼앗았으므로, 이응거도에서 경작하는 여진인이 원한을 갖고 후라도와 극성보 등에서 도둑질하여 병화가 잇달아 있었으니, 이것도 경계해야 합니다."라고 하였다.[21]

〈사진 3-2〉 대동야승
(출처: 한국학중앙연구원)

이러한 상황은 선조가 즉위한 해에 전국 각 고을의 수령을 청렴한 덕이 있는 자를 발탁하여 등용하라는 전교가 내려진 뒤에도 지속되었다.[22] 이 전교가 함경도 북변 수령에게도 적용되는 것이었음은 두말할 나위가 없다. 선조는 두만강 유역의 진 부근에 있는 번호를 통치 대상으로 보았고, 이들을 통해 만주 내지의 정세를 보고받기도 하는 등 번호들을 일종의

---

21 『宣祖實錄』卷7, 宣祖 6年 2月 丙辰條.
22 『宣祖實錄』卷1, 宣祖 卽位年 10月 丙申條.

울타리로 활용하고자 하였다.[23] 이를 위해서는 우선적으로 무자격자의 북변 지역 수령 임명을 차단해야 했기에 조정에서는 위와 같은 선조의 전교가 북변에서도 행해져 그들에 대한 탐학을 없앰으로써 불만을 더 이상 야기시키지 않는 효과가 나타나기를 바랐을 것이다.

그러나 위의 전교가 내려진 이후에도 두만강 유역 진의 수령은 적임자가 파견되지 않아서 수령들이 변경의 방어나 백성들의 보호는 하지 않고, 오히려 해당 지방 백성들에게 많은 피해를 입히고 있었다. 이에 대한 내용이 『대동야승』에 다음과 같이 기록되어 있다.

> 함경도는 여진인과 이웃하여 있고 또 번호도 있다. 조정에서는 옛날부터 방어하는 일을 중요하게 여겼다. 그리하여 남북 병사와 북도의 대소 수령은 자격 유무를 살펴서 보내는 것이 관례였다. 그런데 조정과는 너무 멀리 떨어져 있어 수령이 두려워하거나 꺼리는 것이 없이 오로지 가혹한 징수와 혹독한 형벌을 일삼았고 백성을 함부로 대하였다. 그리하여 백성도 수령을 낮도둑이라 지목하여 원수같이 여겼다. 간혹 문관을 가려서 보내기도 하였으나 백성들의 기대에 걸맞은 사람은 아주 적었다. 함경도 시골 사람으로 서울에 처음 온 자가 있었는데, 동소문으로 들어와서 성균관 앞길에 이르러서는 같이 온 사람에게, '여기는 어느 고을 읍내이기에 관사가 이같이 높고 넓은가.'하고 물으니, 같이 온 사람이 말하기를, '너는 모르는가 여기는 읍내가 아니라 조정에서 낮도둑을 모아서 기르는 곳이다.'라고 하였다. 이 말이 비록 너무 감정이 북받쳐서 한 말로 그 마음이 이해는 가지만 듣기에 또한 괴이하다.[24]

23　장정수, 「선조대 對女眞 방어전략의 변화 과정과 의미」, 『朝鮮時代史學報』 67, 朝鮮時代史學會, 2013, 169쪽.
24　『大東野乘』, 松窩雜說條.

함경도는 여진과 이웃하여 있고 번호도 있었기에 조정에서는 오래전부터 문무를 겸비한 뛰어난 자를 함경도 병마절도사와 수령으로 임명하여 두만강 유역 진의 변장을 다스리고 변경의 방어와 번호에 대해 일정한 통치 질서를 구축하고자 하였다. 그런데 두만강 유역 진의 수령은 가혹한 징수와 혹독한 형벌을 일삼았고, 여진인에 대한 수탈을 많이 하였다. 그리하여 선조는 불만을 품은 여진인과 번호의 침입에 대비하여 두만강 유역 진의 수령에게 방어 시설을 정비하도록 하였고, 방어 시설을 정비하지 않은 수령은 파직하기도 하였다.[25]

또한 선조는 두만강 유역 진의 수령에게는 군민을 무휼(撫恤)하고 방어를 엄하게 하라고 하였다. 이러한 배경으로 그는 경흥부사 장준에게 다음과 같이 전교하였다.

> 전교하기를, "경흥부는 멀리 있는 요새지로 병사들이 허약하고 고을이 허술하여 오랑캐에 대한 경계가 염려되는 곳이다. 그대는 병사들과 백성들을 불쌍히 여겨 위로하고 도와주도록 하고, 번호를 타이르고 얼러서 마음을 달래주어야 한다. 그리고 방비를 엄하게 하고 직무에 마음을 다해야 한다."라고 하였다.[26]

그런데 두만강 유역 진의 수령으로 파견된 자들 가운데는 여전히 여진인에 대한 수탈을 하는 자들이 있었다. 이는 니탕개의 난이 일어난 직후인 선조 16년(1583) 2월에 사헌부에서 다음과 같이 아뢴 것에서 그러한 사실을 알 수 있다.

---

25 『宣祖實錄』卷21, 宣祖 11年 7月 壬戌條.
26 『宣祖實錄』卷11, 宣祖 10年 12月 丙午條.

사헌부가 아뢰기를, "양사준은 부령부사로 근무하면서 여진인을 괴롭히고 학대하여 여진인이 그가 부령부사의 임무를 마치고 돌아오는 시기를 이용하여 길을 가로막고 행장을 뒤지고 난동을 일으켰습니다."라고 하였다.[27]

선조는 즉위 초부터 함경도 지역의 두만강 유역 진 부근에 번호가 많이 있었기 때문에 청렴한 덕이 있는 사람을 두만강 유역 진의 수령으로 임명하여 변장을 다스리고 번호에 대해 일정한 통치 질서를 구축하고자 하였다. 그런데 실제 두만강 유역 진의 변장으로 파견된 자는 대부분 탐오하고 포악하여 여진인을 침탈했기 때문에 여진인의 조선에 대한 불만은 커져 갔다.

한편 16세기 후반 요동도사는 서몽골의 성장으로 더 이상 몽골 세력을 통제하지 못하였고, 여진 지역 역시 명의 관할과 통제에서 벗어나 명을 중심으로 한 동북아 국제 질서가 동요되었다.[28] 그리고 조선은 두만강 유역 진의 장수들 대부분이 적임자가 아니어서 변방의 대비책이 오래전부터 해이해졌다.[29] 이러한 상황에서 선조 16년 두만강 유역 회령 지역의 번호 니탕개 등이 변장들의 침학 등을 이유로 경원진을 침입하였다.[30]

---

27 『宣祖實錄』卷17, 宣祖 16年 2月 壬寅條.
28 南義鉉, 앞의 논문, 2006. 19쪽.
29 『宣祖修正實錄』卷17, 宣祖 16年 2月 甲申條.
30 『宣祖實錄』卷17, 宣祖 16年 2月 丙申條.

2. 니탕개란의 발발과 응징

16세기 후반 조선의 국방 상황은 선조 7년(1574) 1월 우부승지 이이의 만언소(萬言疏)에 다음과 같이 잘 나타나 있다.

> 현재 군정은 무너지고 국경은 무방비 상태입니다. 만약 급박한 일이라도 생긴다면 비록 장양·진평 같은 사람이 지혜를 짜내고 오기·한신 같은 사람이 군대를 통솔한다 하더라도 거느릴 병졸이 없는 상황에서 어떻게 홀로 싸울 수가 있겠습니까. 생각이 여기에 미치면 가슴이 떨리고 간담이 서늘해집니다.[31]

중종 36년(1541)에 군역을 군포 납부로 대신하는 대역수포제(代役收布制)를 공식화한 이후 모든 장정들로부터 2필씩 거둔 군포로 군사를 양성해야 했으나, 오랜 세월 평화를 누리며 군정이 문란해져 이를 소홀히 함으로써 군사 조직이 거의 허구화된 상황에 이르렀던 것이다.

이이는 만언소에서 군정을 문란하게 하는 폐단을 지적하고 개혁안을 제시하였다. 개혁안의 주된 내용은 첫째, 지방의 군사지휘관에게 급료가 지급되지 않으면 폐단이 생기므로 이들의 생계를 위한 급료를 지급할 것, 둘째, 군적 개정을 하지 않고 군액 충당을 하면 군적의 인원이 실제와 차이가 나는 폐단이 생기므로 6년마다 군적을 개정할 것 등이었다. 이 개혁안에 대해 선조는 갑자기 고칠 수 없는 것이라 하고 신하들에게 보여 주고 참고하라고 하였다.[32] 결과적으로 국방의

---

31 『宣祖修正實錄』卷8, 宣祖 7年 1月 丁丑條.
32 『宣祖修正實錄』卷8, 宣祖 7年 1月 丁丑條.

무방비 상태는 여전하였으니 이듬해 9월에 있었던 선조와 이이의 다음 대화에 그 상황이 잘 나타나 있다.

> 이이가 아뢰기를, "왕께서 말씀하신 큰소리 치는 사람이란 어떤 사람을 가리키신 것입니까. 만약 실속 없이 큰소리만 치는 자를 가리키신 것이라면 그를 임용하여서는 일을 망칠 것인데 어찌 적을 막게 할 수 있으며, 만약 옛것을 좋아하고 성인을 사모하는 사람을 큰소리 친다고 여기신다면 왕의 전교는 매우 온당치 않습니다. (중략) 전하께서 유자들을 큰소리만 친다고 지목하시어 북쪽으로 보내려 하시니, 현명한 자들은 기운을 잃고 불초한 자들은 조정으로 나오려고 갓을 털고서 준비를 할 것입니다. 군주의 한 말씀이 선한 사람으로 하여금 기세가 꺾이게 하고 약한 자로 하여금 기뻐하게 한다면 어찌 잘못된 말씀이 아니겠습니까." 하니, 왕은 묵묵히 아무 말이 없었다.[33]

그 후 선조는 군정이 해이해진 지 오래된 것을 한탄하면서 군정을 개혁하여 국방력을 강화할 적임자로 이이를 지목하고 선조 15년(1582) 12월 병조판서에 임명하였다. 이는 다음 해 1월에 이이가 병을 이유로 체직시켜 줄 것을 청했을 때 이를 윤허하지 않는다고 답하는 다음과 같은 내용에 암시되어 있다.

> 병조판서 이이가 병중에 출사하여 숙배하고 이어 사면하니, 답하였다. "우리 조선의 병력이 고려에 못 미치고 있는데 오랫동안 평화를 누려 군정 또한 해이해진 지 오래이다. 나는 가끔 그것을 생각하고 남몰래 걱정하였으며, 실로 적당한 인재를 얻지 못한 것을 한탄하였다. 경은 경장과 개기를 부단히 주장해 왔었으니 이것은

---

33 『宣祖實錄』卷9, 宣祖 8年 9月 壬戌條.

바로 경의 평소의 생각인 것이다. 지금 경이 참으로 기발한 계책을 세워 전래의 폐습을 모조리 혁파하고 이어 양병의 계획을 세운다면 국가에 있어서 다행일 것이다. 『서경』에 병사를 잘 다스려야 한다고 하였고, 유자도 나라의 큰 일은 제사와 군대라고 하였으며, 순자도 군대가 크게 정리되면 천하를 제어할 수 있고 작게 정리되면 가까운 적을 다스릴 수 있다고 하였다. 군대는 나라를 다스리는 자가 절대로 소홀히 할 수 없는 것이니 경은 그 점에 대하여 노력하라. 또 병을 조리하면서 행공하더라도 일을 볼 수가 있는 것이니 사면하지 말라."[34]

〈사진 3-3〉 율곡 이이 (출처: 한국학중앙연구원)

---

34 『宣祖實錄』卷17, 宣祖 16年 1月 丙子條.

선조는 군정 개혁을 지속적으로 주장하고 개혁안을 제시한 병조판서 이이에게 양병(養兵)의 계획을 세우라고 명하였다. 이러한 상황에서 선조 16년(1583) 1월 말 두만강 유역의 진에 거주하고 있던 번호 니탕개가 경원진을 침입하였다.[35] 이에 대한 내용이『선조수정실록』선조 16년 2월 1일 기사에 다음과 같이 자세히 기록되어 있다.

> 북쪽 국경의 번호가 난을 일으켜 경원부를 함락시켰다. 이때 변방의 장수들 대부분이 적임자가 아니어서 번호의 부락에 조금씩 피해를 끼치면서 변방의 대비책이 오래 전부터 해이해졌었다. 이에 여진인들이 분개한 나머지 난을 일으킬 생각을 내었는데, 경원부 아산보 번호의 추장인 우을지가 전 만호 최몽린이 번호를 학대한다고 소문을 내면서 부근에 격문을 보내어 난을 일으키려고 하였다. 만호 유중영은 이런 모의가 있는 줄도 알지 못하고 토병 몇 명을 보내어 정탐하게 했는데, 우을지가 잡아서 심처에게로 보내고 마침내 난을 일으켜 밤에 보성을 습격하였다. (중략) 그때 종성의 오랑캐 율보리와 회령의 오랑캐 니탕개도 연락을 받고 호응하여 일시에 모두 배반하였는데, 니탕개가 가장 강성하였다.[36]

두만강 유역의 경원진은 주변에 발달되어 있는 산맥과 하천이 천연 장애물 역할을 하였다. 니탕개 등이 침입할 즈음 북병사 이제신은 인근 번호의 첩보로 적대적인 번호 세력에 의한 군사적인 움직임을 이미 파악하고 있었다. 그리하여 그는 우리가 흉년이 든 상황을 이용하여 침입한 것이라고 판단하고 즉시 조치를 취하여 신립과 김우추

---

35 『宣祖修正實錄』卷17, 宣祖 16年 2月 甲申條.
36 『宣祖修正實錄』卷17, 宣祖 16年 2月 甲申條.

를 보내었다.37 이제신의 급보를 받은 조선 정부는 파직 중에 있는 무신 오운과 박선을 조방장으로 삼아 용맹한 군사 80명을 거느리고 가서 싸우도록 하였다.38 그러나 니탕개 등이 경원진을 침입하였을 때 서문을 담당하고 있던 군사들이 도망치면서 방어벽이 무너졌기 때문에, 경원부사 김수가 맞서 싸웠으나 패배하였다.39

선조는 비변사에 전교를 내려 백성들을 변방에 옮겨 채우는 것, 경상도 연해 각 고을의 쌀을 배로 6진에 운반하는 것, 안변 이북의 사노비들 중에 건장한 자를 동원하여 군대로 편성한 후 북도의 방어에 임하도록 하는 것, 병사들의 양식에 보탬을 주도록 6진과 갑산에 한하여 은광 채굴의 금령을 해제하는 것, 용기있는 인재를 천거할 것 등을 명하였다.40

한편 병조판서 이이는 니탕개의 난을 진압하기 위한 대책의 하나로 2월 12일에 다음과 같은 병조사목을 올려 6진 방어를 위한 군사의 충원을 건의하였다.

> 병조의 사목에 자원하여 육진 방어에 임한 자는 만 3년이 되면 서얼은 과거에 응할 수 있도록 허락하고, 공·사천은 종량하되, 사천인 경우에는 공천으로 대신 충급한다고 하였는데, 양사가 거행하지 말 것을 청하였으나 윤허하지 않다가 뒤에 윤허하였다.41

---

37 『淸江集』, 淸江先生集附錄 上, 附錄條. "癸未 藩胡告亐酋來屯兵 公曰 乘我之饑 不自相讐殺而已 卽爲布置 有申砬金遇秋等之分遣 未幾 賊果犯慶源"
38 『宣祖實錄』卷17, 宣祖 16年 2月 庚寅條.
39 『燃藜室記述』卷13, 宣祖朝故事本末條.
40 『宣祖實錄』卷17, 宣祖 16年 2月 癸巳條.
41 『宣祖實錄』卷17, 宣祖 16年 2月 乙未條.

이이의 군사 충원 건의에 대해 선조는 긍정적이었으나 사헌부와 사간원은 반대하였다. 사헌부와 사간원의 반대 이유는 서얼의 벼슬길을 허락하고 노비를 양인으로 만드는 것이 나라의 규정을 훼손한다는 것이었다.[42] 즉 과노비 종량을 반대한 것은 조선 왕조 사회의 신분 질서가 문란해 질 것을 우려했기 때문이었다. 이러한 상황에서 여진인이 경원

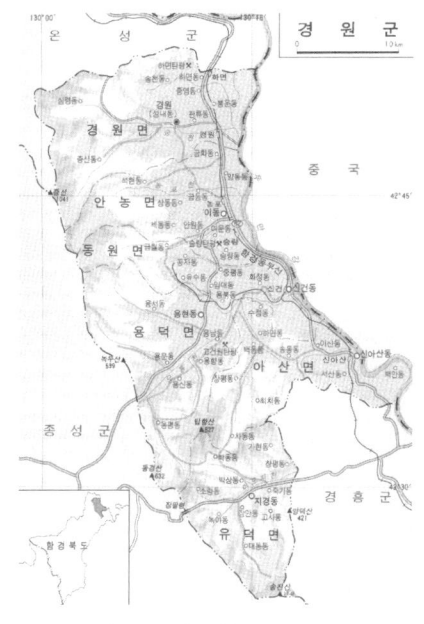

〈사진 3-4〉 경원군 행정지도
(출처: 한국학중앙연구원)

부를 포위하자, 온성부사 신립이 병사를 거느리고 앞장서서 구원하여 성에 들어가 싸워 적을 물리쳤다. 이에 대한 내용이 『선조수정실록』 선조 16년 2월 1일 기사에 다음과 같이 자세히 기록되어 있다.

> 여진인이 다시 경원부를 포위하였다. 온성부사 신립이 날쌘 병사를 거느리고 앞장서서 구원하여 성에 들어가니, 적이 세 겹으로 포위하였다. 신립의 군사가 결사적으로 싸웠는데, 적장 중에 백마를 탄 자가 의기양양하게 보루로 오르는 것을 신립이 한 개의 화살로 쏘아 죽이니 적이 마침내 물러 갔다.[43]

---

42 『宣祖實錄』 卷17, 宣祖 16年 4月 丁丑條.
43 『宣祖修正實錄』 卷17, 宣祖 16年 2月 甲申條.

그 후 여진인이 훈융진을 포위하였다. 이에 첨사 신상절과 온성 부사 신립의 활약으로 적을 물리치고 강 건너까지 추격하여 그들의 부락을 소탕하였다.[44] 이에 대한 내용이 『선조수정실록』 선조 16년(1583) 2월 1일 기사에 다음과 같이 자세히 기록되어 있다.

> 번호가 훈융진을 포위하고 사면으로 성을 공격하였다. 첨사 신상절이 밤낮으로 싸웠으나 화살이 떨어지고 힘이 다하여 성이 장차 함락될 지경이었다. 그때 온성부사 신립이 유원첨사 이박과 황자파에서 사잇길로 달려와 포위를 뚫고 들어가 한 개의 화살로 적의 추장을 쏘아 죽였다. 이에 신립의 얼굴을 알아보는 여진인들이 서로 놀라며 온성의 영웅이라고 말하면서 활을 휘두르며 물러 갔다. 신상절도 문을 열고 나와 공격하면서 신립과 합세하여 기세를 타고 적을 추격해서 70급을 베고, 곧바로 그들의 부락까지 쳐들어가 소굴에 불을 지르고 돌아 왔다. 이때 경원·종성·회령 등 진의 번호가 모두 배반하였으나 온성의 번호만은 배반하지 않았는데, 그것은 신립의 용맹함에 항복하였기 때문이었다.[45]

훈융진은 경원부의 북쪽 28리에 있는 진으로서 변방의 방어에 중요한 요해처였다. 그런데 훈융진은 두만강의 돌출된 부위에 위치하여 좌우로 침입하는 번호의 공격에 측면이 노출되는 단점을 가지고 있었다. 그리하여 지형상의 불리함을 극복하기 위해 성의 방어 시설을 다른 진보다 강화하였다.[46] 또한 온성부사 신립은 평소에 철기 5백여 명을 훈련시켜 사냥을 하며 전술을 익히게 하고 연안에서 공격

---

44 『宣祖實錄』卷17, 宣祖 16年 2月 丙申條.
45 『宣祖修正實錄』卷17, 宣祖 16年 2月 甲申條.
46 『制勝方略』卷1, 「列鎭防禦」, 訓戎鎭條.

〈사진 3-5〉 신립 장군 묘 (출처: 한국학중앙연구원)

하는 훈련을 많이 시켰다. 당시 군사들은 성벽이나 지키면서 마치 먼 거리의 과녁을 맞추는 것처럼 활을 쏠 뿐이었고, 적이 혹시라도 육박전을 하며 성에 올라오기라도 하면 모두 겁에 질려 활을 제대로 쏘지 못하였다. 그런데 온성부사 신립이 육박전을 벌이고 싸울 때마다 공을 세우는 것을 보고 군사들이 분발하여 적을 공격하여 적을 물리쳤던 것이다.[47]

　이러한 상황에서 이이는 니탕개만을 제압하기 위한 미봉책이 아니라 언제 어디서 일어날지도 모를 뜻밖의 환란에 대비하기 위한 국방 강화 대책을 강구해야 한다며 시무 6조를 상소하였다. 이는 지난 1월에 선조로부터 기발한 계책을 세워 종래의 폐습을 모두 혁파하고 양병의 계획을 세우라는 지침을 받은 뒤 구상했던 것으로 보인다. 그가

47　『宣祖修正實錄』卷17, 宣祖 16年 2月 甲申條.

올린 시무 6조의 내용은 다음과 같다.

> 우리나라가 오래도록 평화를 누려 태만함이 날로 더해 안팎이 텅 비고 군대와 식량이 모두 부족하여 하찮은 오랑캐가 변경만 침범하여도 온 나라가 이렇게 놀라 술렁이니, 혹시 큰 적이 침범해 오기라도 한다면 아무리 지혜로운 자라도 어떻게 계책을 쓸 수가 없을 것입니다. 옛말에 먼저 적이 나를 이기지 못하도록 대비한 다음에 적을 이길 수 있는 기회를 기다리라고 하였는데, 지금 우리나라는 하나도 믿을 만한 것이 없어 적이 오면 반드시 패하게 되어 있습니다. 생각이 여기에 미치니 한심하고 간담이 찢어지는 듯합니다. 더구나 지금 경원의 적으로 말하면 1~2년 만에 안정시킬 수 있는 것이 아닌데, 만약 그들의 소굴을 소탕해 버리지 않는다면 6진은 평화를 누릴 기회가 영원히 없을 것입니다. 지금 서둘러 다스릴 수 있는 힘을 길러 후일의 대책을 세우지 아니하고, 미봉책만 강구하면 어찌 한 모퉁이에 있는 적만이 걱정거리이겠습니까. 아마 뜻밖의 환란이 말할 수 없이 많게 될 것입니다. 신이 병조판서의 자리에 있으면서 밤낮으로 애태우며 생각한 나머지 감히 한 가지 계책을 올립니다. 그러나 여기서는 그 대강만을 아뢰고 자세한 내용에 대하여는 면대하여 자세히 아뢰겠습니다. 그 조목을 말씀드리면, 첫째 현능을 임용할 것, 둘째 군민을 양성할 것, 셋째 재용을 풍족하게 만들 것, 넷째 번병을 튼튼하게 할 것, 다섯째 전마를 갖출 것, 여섯째 교화를 밝힐 것 등입니다.[48]

이이의 시무 6조는 당시 군정의 해이로 국방력이 약화된 상황에서 반드시 필요한 개혁안이었다. 그러나 이 개혁안은 단시일에 이루어내기는 어려운 것으로, 장기적인 시일을 필요로 하는 것들이 적혀 있

---

48 『宣祖實錄』卷17, 宣祖 16年 2月 戊戌條.

었다. 그러므로 이를 시급함을 요하는 니탕개란에 대처하기 위한 계책이었다고 하기에는 어렵다.

한편 함경도 병마사 이제신은 여러 장수들을 나누어 보내어 배반한 번호 부족의 소굴을 토벌하게 하였다.[49] 이에 대한 내용이 『선조수정실록』 선조 16년(1583) 2월 1일 기사에 다음과 같이 기록되어 있다.

> 북병사 이제신이 여러 장수들을 나누어 보내 배반한 번호를 토벌하였다. 온성부사 신립과 부령부사 장의현 등이 강을 건너서 여러 부족의 소굴을 습격하여 쌓아둔 식량과 무기를 불 지르고 3백여 급을 벤 뒤 군사들을 지휘하여 돌아 왔다.[50]

선조 16년(1583) 2월 초에 시작된 니탕개란은 소강 상태에 들어갔지만, 이들을 완전히 제압하지 못한 조선 정부는 이들의 재침을 대비하지 않을 수가 없었다. 이에 그 대비책으로 서두른 것은 병력의 확충과 군량의 확보였다.

함경도 변경 방어를 위한 병력 확충을 위해 조선 정부가 급히 취한 조처는 무예에 재주가 있는 자를 선발하는 무과(武科)의 조속한 실시였다. 그리하여 선조는 무과 별시(別試)를 실시할 것을 명하였다.[51] 이

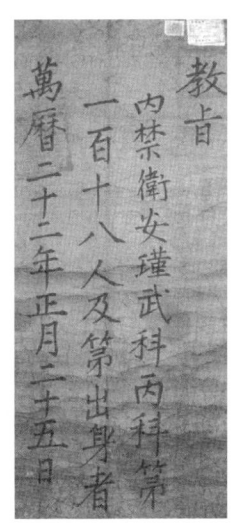

〈사진 3-6〉 무과 교지
(출처: 한국학중앙연구원)

---

49 『宣祖實錄』卷17, 宣祖 16年 2月 辛亥條.
50 『宣祖修正實錄』卷17, 宣祖 16年 2月 甲申條.
51 『宣祖實錄』卷17, 宣祖 16年 2月 癸丑條.

에 선조 16년 4월 초 알성시(謁聖試) 무과를 실시하고 무관 100명을 선발하여 북도에 보내 방어에 임하게 하였다.[52] 〈표 3-2〉는 한국 역대 인물 종합 정보 시스템의 조선 시대 무과의 자료와 이성무의 『한국의 과거제도』를 참고하여 태종 14년(1414)에서 선조 15년(1582)까지 알성시 무과의 시행 횟수와 합격자 인원을 정리한 것이다.[53]

〈표 3-2〉 태종 14년(1414)에서 선조 15년(1582)까지 알성시 무과의 시행 횟수와 합격자 인원

	알성시 무과 시행 횟수	합격자 인원
태종	1	1
세종	2	11
단종	1	1
세조	4	30
성종	6	26
연산군	1	1
중종	8	9
명종	4	4
선조	4	4
계	31	87

〈표 3-2〉에서 알 수 있듯이 알성시 무과는 태종 14년 처음 실시한 이후 선조 15년까지 시행 회수는 총 31회였고, 합격자 인원은 전부 87명이었다. 이에 따르면 알성시 무과의 1회 합격자 인원은 평균 2.8명이었다. 그러므로 선조 16년 4월 초에 실시한 알성시 무과의 합격자 인원 100명은 이전까지 시행한 평균 합격자 인원의 35배 정도로 대단히 파격적인 것이었다.

---

52 『宣祖實錄』卷17, 宣祖 16年 4月 乙卯條.
53 이성무, 『한국의 과거제도』, 집문당, 2000년, 150~157쪽.

이를 통해 조선 정부는 니탕개의 경원진 침입 이후 전투가 소강 상태이나, 그들의 침입에 대비하기 위하여 다수의 무관을 확충하고자 알성시 무과를 실시하였다는 것을 알 수 있다.

그와 함께 조선 정부가 취한 또 하나의 조처는 지난 2월에 병조사목으로 안건이 올라 왔다가 사헌부와 사간원의 반대로 거부된 서얼과 노비의 6진 파견이었다. 이는 선조 16년(1583) 4월 병조판서 이이가 상소하여 건의하였는데, 그 내용은 다음과 같다.

> 경원의 오랑캐들이 잘못을 뉘우치지 않고 다른 진영의 번호들과 함께 난을 일으키면 함경도의 병력만으로는 방어하기가 어렵습니다. 신의 계책은 서얼과 노비 중에서 무예에 능한 자를 모집하여 스스로 식량을 준비해서 남도와 북도에 들어가 방어하게 하는 것입니다. 그리하여 서얼은 벼슬길을 열어주고 노비는 양인이 되게 하는 것입니다. 그리하면 군사와 양식이 변경 방어에 대비할 수 있게 될 것입니다.[54]

서얼은 성종 16년(1485) 『경국대전』에 한품서용(限品敍用)이 규정되어 문과 응시 자격을 박탈당하여 신분 상승이 거의 불가능하였다. 그리고 노비는 『경국대전』에 노비세전법(奴婢世傳法)이 법제화되어 노비의 자식들은 자자손손 노비 신분에서 벗어날 수가 없었고, 합법적으로 양인이 되는 길은 거의 막혀 있었다.

선조는 이이의 서얼과 노비의 6진 파견 건의에 대해 변방의 병력과 군량 확보를 위해 스스로 장비를 갖추고 변방에 가서 근무한 서얼

---

[54] 『宣祖修正實錄』 卷17, 宣祖 16年 4月 壬子條.

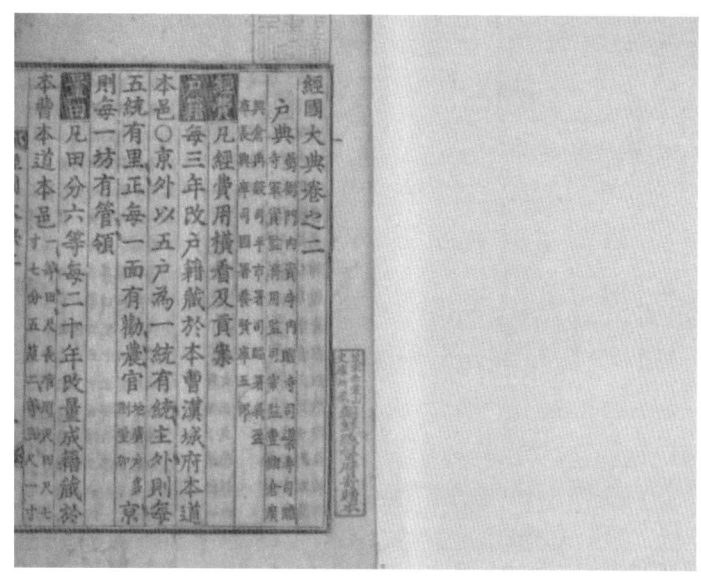

〈사진 3-7〉 경국대전 (출처: 한국학중앙연구원)

은 벼슬길을 열어주고, 노비는 양인이 되게 하라고 명하였다.[55] 이와 같이 변경의 방어를 위하여 실시한 서얼허통(庶孼許通)과 노비종량(奴婢從良)은 이후 조선 왕조 신분제의 동요에 영향을 미쳤다.

3. 니탕개의 재침과 격퇴

선조 16년(1583) 2월 초 두만강의 진을 침입하여 퇴각한 니탕개는 번호 세력을 다시 규합하여 5월에 종성진을 침입하였다. 종성진은 두만강변과 인접한 곳에 있는 진으로서, 두만강에서 흘러들어 오는 하천과 남서쪽에 산맥이 발달되어 있었다. 그리고 인접 진보에 연락

---

55 『宣祖修正實錄』卷17, 宣祖 16年 4月 壬子條.

하는 봉수와 행영에 직접 연락하는 봉수도 갖추고 있었기 때문에 유사시 행영으로부터 신속한 도움을 받을 수 있었다. 그러나 종성진은 내부의 행영을 지나면 두만강 하구까지 직접 통하는 길이 있었기 때문에 함경도 북도 전체가 위험에 빠질 수도 있는 지형적인 단점이 있었다. 그러므로 종성진은 변방의 방어에 매우 중요한 진이었다.[56] 니탕개의 종성진 침입에 대한 내용은 『선조실록』 선조 16년 5월 13일 기사에 다음과 같이 기록되어 있다.

> 북병사와 순찰사의 서장에, "이달 5일에 번호 2만여 기가 종성을 포위하여 출신 군관 권덕례와 최호 그리고 토병들 다수가 피살되고 병사도 포위되었다."라고 하였다.[57]

이처럼 여진인은 선조 16년 5월 5일 침입하여 종성진을 포위하였다.[58] 이 당시 전투 상황은 『선조수정실록』 선조 15년 5월 1일 기사에 다음과 같이 기록되어 있다.

> 번호 니탕개가 1만여 명의 기병을 거느리고 종성을 포위하였다. 우후 장의현, 판관 원희, 군관 권덕례 등이 기병과 보병 1백여 명을 거느리고 싸웠다. 군관 권덕례가 살해되자 모두 도망해 성으로 들어가니, 번호가 성을 몇 겹으로 포위하였다. 이튿날 번호가 다시 성을 포위하였는데, 온성부사 신립이 날랜 기병들을 거느리고 오자 번호가 퇴각하였다.[59]

---

56 강영철, 「朝鮮初期의 軍事道路 -北方 兩地帶의 境遇에 대한 試考-」, 『한국사론』 7, 국사편찬위원회, 1980, 375~376쪽.
57 『宣祖實錄』 卷17, 宣祖 16年 5月 甲午條.
58 『宣祖實錄』 卷17, 宣祖 16年 5月 丁未條.
59 『宣祖修正實錄』 卷17, 宣祖 16年 5月 壬午條.

니탕개의 종성진 침입 당시 여진인들에게 타격을 가한 것은 승자총통(勝字銃筒)과 번호 효정이었다. 이는 선조 17년 5월 17일의 다음과 같은 기사를 통해 알 수 있다.

> 번호가 성을 포위하고 일진일퇴를 거듭할 때 병사들이 모두 성에 올라가 지키고 있다가 여진인들이 성 아래로 몰려왔을 때 총통을 발사하였고, 여진인들이 퇴각하였다. 한편 번호 효정이 니탕개와 사이가 좋지 않았는데, 니탕개가 비워둔 틈을 타서 그들의 막사를 모두 불태워 버렸다. 그리하여 여진인들이 군대를 철수하여 강을 건너가 버렸다.[60]

이때 종성진의 병사들이 발사한 총통은 전라·경상 병사를 지낸 김지가 개발한 승자총통이었다.

우리나라에서 화약 병기는 고려 우왕 3년(1377) 최무선의 건의로 화통도감이 설치되면서 본격적으로 사용되었고, 조선 세종 대에 획기적으로 발달하였다. 그 후 김지가 총구에서 화약과 실탄을 장전하고 손으로 약선에 불씨를 점화, 발사하는 승자총통을 개발하였다.

승자총통은 통신·약실·손잡이의 세 부분으로 구분된다. 통신은 화살이나 탄환을 장전하게 하는 부분으로, 내부는 원통이며 외형은 대나무 마디로 구성되어 있다. 이 대나무 마디는 8~9㎝ 간격으로 6~7개가 약실과 연결되어 있다. 약실은 그 깊이가 약 12㎝ 정도로 후부의 중앙에는 선혈이 약실을 통하게 되어 있다. 승자총통은 종성진 전투에서 화기를 보유하지 못한 여진인들을 물리치는데 큰 위력을 발휘

---

60 『宣祖實錄』卷17, 宣祖 16年 5月 戊戌條.

〈사진 3-8〉 승자총통 (출처: 한국학중앙연구원)

하였다.[61] 그리하여 선조는 신무기 승자총통을 개발한 김지에게 벼슬을 내리고 아들에게는 관직을 제수하였다.[62]

한편 니탕개에게 큰 타격을 가하는 또 다른 충격적인 사태가 발생하였는데, 그것은 니탕개가 종성진을 침입하였을 때 번호 효정이 그가 비워둔 틈을 타서 그들의 막사를 불태워 버린 것이었다. 그리하여 선조는 번호 효정을 칭찬하고 상을 주었다.[63] 이러한 배경으로 니탕개는 회령 번호 사을지를 통해 순찰사에게 타협안을 제시하였다. 이에 대한 내용이 『대동야승』에 다음과 같이 기록되어 있다.

> 5월 23일 회령의 여진인 사을지가 와서 보고하기를, "니탕개가 군사 1만여 명을 거느리고 와서 나는 도적이 아닌데 조선에서 도적이라고 하니 나도 할 말이 있다. 이에 글을 잘하는 관리를 보내서 내 말을 듣고 가게 하라. 내가 이런 사정을 말한 뒤에 싸움에서 물러가겠다. 만일 보내지 않으면 24, 25일 사이에 회령을 포위하

---

61 전쟁기념관, 『우리나라의 전통무기』, 전쟁기념관, 2004, 120~124쪽.
62 『宣祖實錄』卷17, 宣祖 16年 6月 辛酉條.
63 『宣祖實錄』卷17, 宣祖 16年 5月 戊戌條.

고 풍산을 공격하여 빼앗을 것이다."라고 하였다. 이에 순찰사가
회답하기를, "네 말을 누가 들어줄 수 있겠느냐. 네가 창으로 공격
하든지 마음대로 하라. 그리고 전할 말이 있으면 네가 직접 와서
말하라."라고 하였다.[64]

이러한 상황에서 우을기내가 변장 등의 계책으로 사로잡혀 참수
되는 사건이 일어났다. 이에 대해 선조 16년(1583) 7월 기사에 다음과
같이 기록되어 있다.

> 경원의 번호 우을기내를 오래도록 잡지 못했다가 변장 등이 그
> 의 무리를 유혹하여 그를 건원보 앞까지 끌고 오게 한 다음 그의
> 머리를 베어 올려 보냈다. 선조는 그의 머리를 동소문 밖에다 매
> 달게 하고 그를 유인했던 여진인과 그러한 계책을 꾸며낸 병사 및
> 군관 이박 등에게 후한 상을 내리도록 하였다.[65]

한편 우을기내 사건에 대한 내용이 『이충무공전서』에는 다음과 같
이 기록되어 있다.

> 이때 번호 울지내가 변방의 큰 근심이 되었다. 그런데 조정에서
> 는 걱정만 하였고 잡을 도리가 없었다. 이때 이순신이 부임하여
> 계책을 써서 꾀어내니 울지내가 여진인들을 데리고 왔다. 그리하
> 여 이순신은 복병을 배치하였다가 그들을 사로잡았다.[66]

---

64 『大東野乘』卷24, 「癸甲日錄」. "五月二十三日 會寧胡沙乙只告尼湯介率兵萬
餘名 言曰 我非盜賊 而本國以爲賊 我欲一言 能書營吏通入送聽去 則我通
事情後退戰矣 若不入送 二十四五日間 當圍會寧攻奪豊山云 巡察回答曰 汝
言誰可聽乎 汝或接戰 或以攻倉 任意爲之 我軍盡矣 幸存之軍 已分防各鎭各
處 而獨我在此 故營吏通事未得入送 如有通情 汝宜親來說話"
65 『宣祖實錄』卷17, 宣祖 16年 7月 己丑條.
66 『李忠武公全書』卷9, 附錄1, 行錄, 從子正郎芬條. "時賊胡鬱只乃大爲邊患 朝

위의 내용에서 울지내는 우을기내이다.[67] 그러므로 경원 번호 우을기내를 계책을 써서 사로잡은 사람은 이순신이었다고 할 수 있다.

우을기내 사건에 대해 류성룡도 『징비록』에서 "이순신은 어려서부터 담략이 있고 말타기와 활쏘기에 유난히 능숙하였는데, 조산 만호로 있을 때 북쪽 변방에 일이 많은 것을 보고 계책을 세워 모반한 오랑캐 우을기내를 꾀어내다가 결박지어 병영으로 보낸 다음에 죽여서 북쪽 오랑캐의 근심이 저절로 없어졌다."라고 하였다.[68] 이러한 기록들을 통해 선조 16년 7월 경원 번호 우을기내를 계책을 써서 사로잡은 사람은 이순신이었음을 확인할 수 있다.

〈사진 3-8〉 이순신장군 동상 (출처: 아산시 문화관광 신정 호수공원)

　　廷憂之 而不能擒討 公到任設策 誘之鬱只乃與藩胡來到 公伏兵擒之"
67 『李忠武公全書』에는 鬱只乃라고 기록되어 있고, 『朝鮮王朝實錄』에는 于乙其乃라고 기록되어 있다.
68 류성룡 저, 이민수 역, 『징비록』, 을유문화사, 2005, 28쪽.

〈사진 3-9〉 징비록 표지
(출처: 한국학중앙연구원)

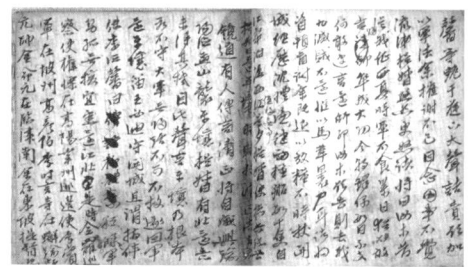
〈사진 3-10〉 징비록 본문
(출처: 한국학중앙연구원)

우을기내 사건은 니탕개의 난에 가담한 여진족들에게 큰 충격이었을 뿐만 아니라 니탕개에게도 큰 충격이었을 것이다. 왜냐하면 니탕개의 난 당시 번호는 거의 피해를 입은 일이 없었는데, 니탕개와 함께 난을 일으킨 우을기내가 이순신의 계책으로 사로잡혔기 때문이다.

한편 선조 16년 5월 23일에 순찰사에게 타협안을 제시하였다가 거절당한 니탕개는 별다른 움직임 없이 잠잠히 지내다 조선에 속죄를 청하고 변방을 지키기를 원하였다. 이에 조정에서는 항복을 받아들이는 체하고 변경에서 죽이고자 하였다. 이때 니탕개가 도망을 가고 다시 오지 않았다.[69] 그 후 니탕개는 더 이상 두만강의 변경을 침입하지 않았고, 이로써 니탕개란은 종식되었다.

그 후 조선 왕조는 번호에 대한 정책을 전환하여 녹둔도에 둔전을 설치하였고, 국방의 강화를 위하여 육진의 방어 시설을 정비하였으며, 번호의 침입에 강경하게 대응하였다.

---

69 『宣祖修正實錄』卷17, 宣祖 16年 5月 壬午條.

제4장

니탕개란 이후 번호 정책의 변화

제4장

니탕개란 이후 번호 정책의 변화

1. 번호 정책의 전환

선조는 두만강 유역의 진 아래에 거주하는 번호를 통해 만주 지역의 정세를 보고 받고, 그들에게 변경의 울타리 역할을 맡기는 정책을 실시하였다. 그리고 청렴한 덕이 있는 사람을 두만강 유역 진의 수령으로 임명하여 변장을 다스리게 하고 변방의 방어와 번호에 대해 일정한 통치 질서를 구축하고자 하였다. 이러한 상황에서 번호 니탕개가 변경을 침입하였다.

선조는 니탕개란의 진압 이후 번호의 침입을 막기 위한 대비책 마련에 착수하였다. 그 하나로 북도 방위를 위한 다수의 무사를 확보하고자 하였다. 그리하여 선조는 난이 진압된 후 선조 16년(1583) 8월에 다음과 같이 무과 별시를 실시하였다.

> 왕이 인정전에 나아가 별시 문과의 전시에 출제를 하였다. 그리고 홍화문에 나아가 별시 무과의 전시를 치렀다. 무과는 합격자가 5백 명이었으며 모두 3일간에 걸쳐 끝났고, 내금위의 오정방이 장원을 하였다.[1]

위의 내용에서 알 수 있듯이 선조 16년 8월 무과 별시에서는 500명을 선발하였는데, 이는 함경도 변경의 방어를 위해 무사를 많이 확보하고자 실시한 것이었다.[2] 별시 무과에서 선발한 인원은 수적인 면에서 파격적으로 많은 것이지만, 니탕개란 때 두만강 유역의 진이 함락당하는 위기를 경험한 조선 왕조로서는 무사의 수를 늘려 진의 군사력을 강화할 필요가 있었다. 이전에도 별시 무과에서 무사를 많이 선발한 적이 있었으니, 예컨대 세조 6년(1460) 신숙주의 북도 정벌을 위해 1,813명을 선발한 적이 있고, 명종 11년(1556) 을묘왜변 이후 왜적의 침입에 대비하기 위해 200명을 선발하기도 하였다.[3]

한편 비변사에서는 함경도 변경의 방어를 위해 재주와 지략이 있는 선비를 선발하여 여진인의 정세를 정탐하고 변장들의 의견도 들어본 후 도순찰사와 상의하고 오게 하여 조정에서 계획을 세워야 한

---

1 『宣祖實錄』卷17, 宣祖 16年 8月 癸酉條.
2 『宣祖實錄』卷17, 宣祖 16年 8月 丙子條.
3 李成茂, 『韓國의 科擧制度』, 集文堂, 2000년, 153쪽.

다고 건의하였다.[4] 이에 선조는 다음과 같은 전교를 내려 금년 가을과 겨울 사이에 번호를 토벌하라고 명하였다.

> 전교하기를, "번호 니탕개가 두만강변을 침입한 후 토벌을 하지 않다. 저들이 거짓으로 귀순한 것은 죄를 문책하는 우리 군사의 동원을 늦추려는 것에 불과한 것이다. 지금은 강의 얼음이 녹는 시기이어서 토벌하기가 어렵다. 지금부터 토벌 대책을 세워 가을과 겨울 사이에 대대적으로 군사를 동원하여 소탕하고자 한다."라고 하였다.[5]

선조가 이 같은 전교를 내린 것은 니탕개의 난을 진압한 이후 토벌을 시행하여 배반한 번호의 기세를 제압하는 것이 주변의 번호들이 동요하는 상황을 방지할 수 있고, 이를 통해 변방을 안정시킬 수 있다고 보았기 때문이었다.[6]

그러나 선조의 번호 토벌 계획은 조정 신하들의 화의론 주장으로 실현되지 못하였던 것으로 보인다. 이를 암시하는 기록으로『선조수정실록』선조 17년(1584) 2월 1일자 선조가 내린 교서의 내용을 다음과 같이 확인할 수 있다.

> 그해 겨울에 다시 하교하기를, "이제신이 벼슬에서 물러난 것은 군기에 관련되어서가 아니고 표신을 3일 동안 머물러 두었기 때문이다. 그는 경원의 변란을 당하자 여러 장수들을 독려하여 번호

---

4 『宣祖實錄』卷17, 宣祖 16年 12月 乙丑條.
5 『宣祖實錄』卷18, 宣祖 17年 1月 壬辰條.
6 장정수,「선조대 對女眞 방어전략의 변화 과정과 의미」,『朝鮮時代史學報』67, 朝鮮時代史學會, 2013, 169쪽.

의 부락을 거의 멸망시켰다. 그리하여 번호가 지금까지도 소생하지 못하고 있으니 우리나라의 위엄이 약간 펴졌다 하겠다. 지금 조정의 신하들이 화의론을 주장하여 더욱 나의 생각을 일깨워 주는 점이 있다."[7]

그러나 선조는 번호에 대한 토벌을 다시 명하였다. 그는 함경도의 병사만으로는 번호를 토벌하기 어렵기 때문에 다른 도의 병사를 동원해서 목적을 이루고자 하였다. 이에 정언신은 조정이 동서 분당으로 불화하는 것이 더 걱정이라고 하면서 이러한 상황에서 토벌을 하고자 군사를 일으키는 것은 시기상조라고 하였다. 이에 선조도 동서 분당 이후 조정에서 변방 대비에 대한 일들을 모두 관심 밖의 일로 여기고 있다고 하면서 정언신의 의견에 동조하였다.[8]

그 후 선조는 『춘추』를 강론하는 자리에서 6진을 안정적으로 지키지 못할까 걱정된다고 문제를 제기하였다. 이에 신하들은 6진에 많은 군사를 파견하는 것에 대해 매서운 바람에 의한 강추위와 폭설이 심해 군사들이 견디기 힘들고, 흉년이 들어 군사들이 많이 들어가면 군량 조달이 어렵다는 점 등을 들어 부정적인 견해를 제시하였다.[9]

요컨대 선조의 번호 토벌 의욕은 신료들의 화의론을 앞세운 반대로 실현되지 못하였다. 그러나 니탕개란 이후 조선의 번호 정책은 변화되어 녹둔도에 둔전이 설치되었다.

---

7 『宣祖修正實錄』卷18, 宣祖 17年 2月 戊申條.
8 『宣祖實錄』卷19, 宣祖 18年 4月 丁巳條.
9 『宣祖實錄』卷19, 宣祖 18年 4月 己巳條.

2. 녹둔도 둔전의 설치

둔전(屯田)은 변경이나 군사 요충지 부근에 설치하여 군사의 식량을 충당한 토지이다. 이는 군량 운반의 수고를 덜고 국방을 충실히 수행하기 위하여 설치한 것으로, 농사도 짓고 전쟁도 수행한다는 취지하에 군사 요충지 부근의 넓은 황야를 둔전으로 개간하고 경작하여 군사의 식량을 현지에서 조달할 수 있었다. 둔전에 대한 현존하는 기록은 고려 시대에 처음 나타난다. 그런데 고려 초기부터 설치되어 온 둔전은 후기에 이르러 폐단을 야기하였다. 그리하여 조선 건국 초기 태조는 음죽의 둔전 한 곳을 제외하고 이들을 모두 혁파하였다. 그러나 국토 확장에 따른 국방 문제가 제기되고 군사의 식량 확보가 요구되었기 때문에 태종 대에 다시 둔전을 설치하였던 것이었다.[10]

니탕개란 이후 조선 정부의 국방 정책은 남쪽의 왜보다도 북쪽의 여진에 더 치중하게 되었다. 그러나 군사의 식량을 북쪽 변경까지 운송하는 것은 어려운 일이었다. 그리하여 니탕개란 이후 변경에 둔전을 설치하여 군사의 식량을 비축하고 번호의 침입에 대비해야 한다는 의견이 제시되었다.[11] 이에 조선 왕조는 두만강 하구의 녹둔도(鹿屯島)에 둔전을 설치하였다. 그것과 관련된 내용이 『선조수정실록』 선조 16년 12월 1일 기사에 다음과 같이 기록되어 있다.

> 이 해에 경흥 녹둔도에 둔전을 실시하였다. 이는 순찰사 정언신의 건의를 따른 것으로 부사 원호가 주관하였다. 녹둔도는 강 북

---

10 李章熙,「屯田經營의 實態」,『李章熙全集』4, 景仁文化社, 2011, 231쪽.
11 李章熙, 위의 책, 234~235쪽.

쪽 언덕과 가까워 사람들과 말이 통행하였고, 여진인 마을과 매우 가까이 있었다. 이에 방책을 설치하고 병사 약간 명을 두어 방어하게 하였으나 그 지역에 거주하는 사람들이 근심하였다.[12]

그런데 위의 기록은 순찰사 정언신의 건의에 따라 녹둔도에 둔전을 실시한 시기를 '이 해' 즉 선조 16년이라는 점만 알려줄 뿐 구체적 시기는 명시하지 않고 있다. 이와 관련하여 선조 16년 4월 7일 기록에 "전 감역 박인적을 둔전 판관으로 삼아 함경도로 보내 둔전을 만들도록 하였다."[13]라는 내용이 있다.

녹둔도는 두만강 이북 여진족들과 접촉하는 최북방에 위치해 있는 섬이다. 이 섬은 여진족이 침입하는 지점의 수심이 깊어 그들의 왕래가 어려운 반면, 조선인이 다니던 길은 수심이 얕아서 접근이 용이하였다. 그리하여 그곳은 조선 전기부터 여진족의 내륙 침입을 막는 데 중요한 조선의 군사적 요충지가 될 수 있었다.[14]

녹둔도는 세종 대 6진의 개척 때 경흥부(慶興府) 조산보(造山堡)에 소속되었고, 조산보의 만호(萬戶)가 이를 관할하였다. 또한 섬은 비옥한 농토를 가지고 있어 봄에 농사지을 때가 되면 조산보의 만호가 군민을 거느리고 가서 토성과 방어 기계를 만들며 농경을 하다가 가을이 되면 돌아왔다. 결과적으로 두만강 하구의 녹둔도는 세조 대 이후 조산보의 방어와 농경의 용이함 등으로 인해 군민이 중요시하던 섬이었다. 다만 농토가 비옥하다는 이점이 있음에도 단기간 거주하는 경

---

12 『宣祖修正實錄』卷17, 宣祖 16年 12月 己酉條.
13 『宣祖實錄』卷17, 宣祖 16年 4月 戊午條.
14 이왕무, 「조선시대 녹둔도(鹿屯島)의 역사와 영역 변화」, 『정신문화연구』34, 한국학중앙연구원, 2014, 120쪽.

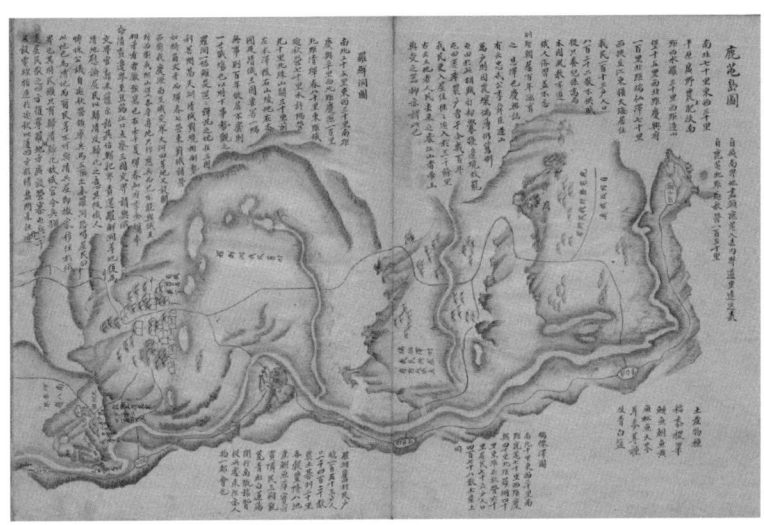

〈사진 4-1〉 녹둔도 (출처: 한국학중앙연구원)

우가 많았고 그곳에 사람이 영구적으로 거주하는 경우는 거의 없었다. 그리하여 녹둔도 건너편 지역에 살던 여진족들이 물자가 궁핍하면 배를 타고 섬에 몰래 들어와 자주 약탈하였다.[15] 이에 오래전부터 녹둔도에는 둔전이 수시로 설치되었으나, 선조 대에는 버려진 채로 있었다.[16]

이러한 상황에서 니탕개란을 계기로 선조 16년 3월경에 북방 변경의 방어 강화와 군량의 비축을 위해 녹둔도에 둔전을 설치하게 된 것이었다. 녹둔도는 강 북쪽 언덕과 가까워 사람들과 말이 통행하였고, 여진인 마을과 근접해 있었다. 그리하여 둔전 설치 후 방책을 설치하고 아전과 병사 약간 명을 배치하여 방어하게 하였으나 그 세력이 약

---

15 이왕무, 앞의 논문, 2014, 122쪽.
16 李章熙, 앞의 논문, 2011, 235쪽.

하여 지역 사람들이 걱정할 정도였다.[17]

선조도 이 같은 취약점을 알고 있었고, 6진의 군량 조달이 어렵다는 북병사 정언신의 건의를 받아들여 녹둔도 둔전의 설치를 윤허했다. 이에 관하여서는 선조 20년(1587) 9월 번호가 녹둔도에 침입하여 노략질을 하고 간 후 선조가 내린 전교를 통해 그 내용을 알 수 있다.

> 전교하기를, "녹둔도는 여진인의 지역과 너무 가까워 여진인들이 침입하는 것은 일반적인 일이다. 녹둔도는 조선 건국 이후부터 우리나라의 농장이었다. 경이 군량 조달의 어려운 형편을 파악하고 백성들을 들여보내 농사를 짓도록 한 것인데 이것이 어찌 잘못인가. 설사 차질을 빚었다고 하더라도 지혜로운 사람도 반드시 한 번은 실수하는 법이다. 경이 나라의 일에 마음을 다하는 충성에야 어찌 손상됨이 있겠는가. 이것 때문에 스스로 위축되지 말고 알면서도 하지 않는 일이 없도록 하라." 하였다.[18]

이처럼 니탕개란 이후 조선은 녹둔도 둔전 경영에 본격적으로 나서게 된다.[19] 그 내용이 『여지도서』에 다음과 같이 기록되어 있다.

> 녹둔도는 사차마라고도 한다. 관아의 남쪽 56리, 두만강에서 바다로 들어가는 곳에 있다. 조산보까지 30리이다. 조산보 만호가 관할하는 곳이다. 여름이면 조산보의 수군이 여기를 나누어 지켰다. (중략) 계미년 여진인의 침입 이후 감사 정언신이 군량을 비축하기 위해 이 섬에 둔전을 설치하려고 부사 원호에게 개간하게 하

---

17 『宣祖修正實錄』卷17, 宣祖 16年 12月 己酉條.
18 『宣祖實錄』卷21, 宣祖 20年 10月 己未條.
19 李源明,「조선중기 鹿屯島 확보와 北兵使 李鎰에 관한 일고찰 -『壯襄公全書』(1893)를 중심으로-」,『白山學報』83, 白山學會, 2009, 506쪽.

였다. 병술년 조정에서 선전관 김경눌을 보내어 둔전관이라 부르며 목책을 설치하고, 섬 안에는 남도의 군역에서 빠진 군병들을 농부로 예속시켜 개간하고 씨를 뿌리며 작물을 심게 하였다. 이듬해인 정해년에 조산보 만호인 이순신에게 둔전의 일을 겸해 맡게 하였다.[20]

이 기록에 의하면 녹둔도에 둔전을 설치한 초기에는 부사 원호에게 개간을 하도록 맡겼다.

그로부터 3년 뒤인 선조 19년(1586)에는 선전관 김경눌을 둔전관으로 파견하여 섬에 목책을 설치하였다. 그리고 남도의 군역에서 빠진 군병들을 농부로 예속시켜 개간하고 씨를 뿌리며 작물을 심게 하였다. 이어 이듬해인 선조 20년에는 조산보 만호 이순신이 둔전의 일을 겸해 맡게 되었다.

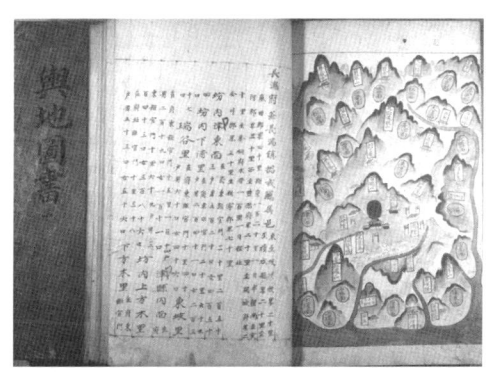

〈사진 4-2〉 여지도서 (출처: 한국학중앙연구원)

3. 6진 방어 시설의 확장과 군사력의 증강

조선 정부는 니탕개란 이후 6진 방어 시설을 확장하였고, 변경 방

---

20 『輿地圖書』, 咸鏡道條.

어를 위해 군사력을 정비 증강하였다. 이는 니탕개란 이후에도 두만강 유역 진의 변경에 번호가 많이 거주하였기 때문이었다. 〈표 4-1〉은 세종대왕기념사업회, 『국역 제승방략』, 1999년에 기록된 두만강 진 부근의 번호를 정리한 것이다.

〈표 4-1〉 두만강 진 부근의 번호

		번호	호	번호 합계	호 합계
경원진	경원진	38	1,131	50	1,393
	아산보	4	50		
	건원보	2	19		
	안원보	3	63		
	훈융진	3	130		
회령진	회령진	43	1,086	83	1,936
	고령진	14	238		
	운두성	26	612		
종성진	종성진	77	2,893	99	3,342
	동관진	11	359		
	방원보	8	90		
	세천보	3	-		
온성진	온성진	19	1,150	37	1,614
	황백파보	1	11		
	미전진	4	160		
	유원진	9	189		
	영건보	4	104		
경흥진	경흥진	5	58	20	238
	조산보	5	27		
	무이보	7	131		
	아오지보	3	22		
계		289	8,523	289	8,523

조선이 6진 방어 시설을 설치한 목적은 외침이 일어나기 이전에는 적의 정세를 살피거나 경계를 하고, 외침이 발발한 이후에는 적의 공격을 막거나 지연시키는 데 있었다. 물론 각각의 개별 방어 시설

이 어느 하나의 목적만을 위해 설치된 것은 아니었다. 그러나 더 깊은 연관성을 가진 분야를 찾아보자면 수호처(守護處)와 후망(侯望) 그리고 해망(海望)은 외침이 일어나기 전 적의 정세를 살피거나 경계를 하는 방어 시설과 밀접한 관련이 있고, 여장(女墻)과 옹성(甕城) 등은 외침이 발발한 이후 적의 공격을 막거나 지연시키는 방어 시설과 밀접한 관련이 있었다. 결과적으로 수호처는 수호장이 이른 새벽에 군사들과 함께 두만강변을 순찰하는 장소, 후망은 육지로 침입하는 여진인을 고정된 지역에서 관측하는 장소로 만들어졌으며, 해망은 바다로 침입하는 여진을 고정된 지역에서 관측하는 장소가 되었다.

한편 이곳에서 외침이 발발했을 때에는 수호장이 토병과 인근의 농민들을 동원하여 즉시 전투를 치러야 하였다.[21] 〈표 4-2〉는 니탕개란을 진압하고 난 이후인 선조 21년(1588)에 함경도 북병사 이일이 증보 간행한 『제승방략』에 담긴 6진의 방어 시설 종류와 규모이다.

〈표 4-2〉 『제승방략』의 6진 방어 시설과 규모

	성 둘레(척)	여장(개)	옹성(개)	봉수(개)	후망(개)	해망(개)
경원진	22,855	912	14	11	1	2
회령진	20,538	892	14	16	–	2
종성진	18,278	1,005	15	16	–	2
온성진	14,520	1,174	12	21	–	2
경흥진	14,396	728	17	9	1	–
부령진	10,715	674	10	9	–	3
합계	101,302	5,385	82	82	2	11

이일이 간행한 『제승방략』은 조선 초기 김종서가 저술한 것을 선조

---

21 『制勝方略』 卷2, 「軍務29條」 12條.

〈사진 4-3〉 봉수 (출처: 한국학중앙연구원)

21년 이일이 증보한 것이다. 따라서 이일이 증보한 『제승방략』에 보이는 6진의 방어 시설은 선조 16년에 니탕개란이 일어난 이후 확장한 것이라 할 수 있다.

『제승방략』에 보이는 6진의 방어 시설 가운데 중요한 것은 성과 봉수라고 할 수 있다. 성 둘레의 도합 길이와 봉수의 도합 개수는 중종 25년(1530)에 편찬된 『신증동국여지승람』에 수록된 것보다 증가하였다. 그런데 언제 성 둘레의 도합 길이와 봉수의 도합 개수가 확장하였는지를 알려주는 기록은 보이지 않는다. 다만 니탕개란이 발발하기 직전인 선조 16년 1월에 선조가 병조판서 이이에게 양병의 계획을 세우라고 명하기에 앞서 '우리나라가 오랫동안 평화를 누린 나머지 국방 정책이 해이해진 지 오래이다.'[22]라고 언급한 것으로 미루어 보아 그 이전 시기에 중수 확장했다고 보기는 어렵다.

그러므로 6진의 성곽과 봉수는 니탕개란이 진압된 후 번호들의 침

---

22 『宣祖實錄』卷17, 宣祖 16年 1月 丙子條.

입에 대비하기 위해 확장한 것이라 할 수 있을 것이다. 조선은 건국 초부터 여진의 침입을 방어하는 방편으로 주요 지역에 성을 축조하였다. 이를 토대로 조선은 수성전과 지연전을 의도하였고, 이를 통해 적의 병참선을 연장시켜 적이 지치거나 적의 긴장상태가 이완된 틈을 이용해서 공격하려 하였다. 이는 여진인에 비해 부족한 군사력을 보유한 조선이 취할 수 있는 가장 적절한 선택이었다. 이러한 배경으로 니탕개의 난을 진압한 이후 번호의 침입에 대비하여 6진의 성을 정비하였기 때문에 성의 둘레가 늘어났다.[23]

니탕개란 이후 확장된 6진의 성 둘레 길이 합계는 〈표 4-2〉에서 알 수 있듯이 경원진이 22,855척, 회령진이 20,538척, 종성진이 18,278척, 온성진이 14,520척, 경흥진이 14,396척, 부령진이 10,715척으로 모두 합하면 101,302척이었다. 이는 중종대의 95,862尺에 비해 5,440척이 늘어난 것이었다. 〈표 4-3〉은 선조 대 6진의 성 둘레 길이를 이전과 비교한 것이다.

〈표 4-3〉 6진의 성 둘레 길이 비교

	세종실록지리지	신증동국여지승람	제승방략
경원진	5,100	14,403	22,855
회령진	8,138	19,001	20,538
종성진	8,603	20,233	18,278
온성진	10,000	17,966	14,520
경흥진	7,091	13,544	14,396
부령진	7,000	10,715	10,715
합계	45,932	95,862	101,302

---

23 尹浩亮, 「宣祖 16년(1583) '尼湯介의 亂'과 조선의 군사전략」, 고려대 석사학위논문, 2009, 9쪽.

니탕개란 이후 확장된 6진의 개별적 성 둘레 길이를 비교해 보면, 두만강 유역의 진 부근에 거주하고 있는 번호는 종성진에 가장 많았으나, 그곳의 성 둘레는 경원진과 회령진보다 길지 않았다. 이는 종성진이 담당하는 방어 정면이 다른 지역보다 상대적으로 좁고, 북병사의 행영이 설치되었기 때문이었다.

　　행영은 겨울에 두만강이 결빙되면 여진이 빙판을 이용하여 쉽게 침입할 수 있기 때문에 이를 방어하고자 한시적으로 위치하는 장소였다.[24] 함경도 북도 지역에 변란이 발발했을 때 가장 중요한 것은 북병사가 군사들과 함께 해당 지역을 신속히 구원하는 것이었다. 그러므로 종성 지역에서는 방어 중점이 거진인 종성진보다 행영에 두어졌기 때문에 종성진의 성 둘레가 길지 않았던 것이다.

　　한편 니탕개란 이후 6진의 봉수는 경원진이 11개소, 회령진이 16개소, 종성진이 16개소, 온성진이 21개소, 경흥진이 9개소, 부령진이 9개소로 도합 82개소이었다. 〈표 4-4〉는 선조 대 6진의 봉수를 이전과 비교한 것이다.

〈표 4-4〉 6진의 봉수 비교

	세종실록지리지	신증동국여지승람	제승방략
경원진	8	8	11
회령진	13	17	16
종성진	8	12	16
온성진	15	15	21
경흥진	6	9	9
부령진	5	9	9
합계	55	70	82

24　오종록, 「朝鮮初期 兩界의 軍事制度와 國防體制」, 고려대 박사학위논문, 1993, 57쪽.

니탕개란 이후 확장된 6진의 개별적 봉수는 온성진에 가장 많이 설치되어 있었다. 이는 그곳이 함경도 최북단에 위치하였고, 다른 지역보다 지형이 험준하여 도로가 제대로 발달되어 있지 않은 데다,[25] 여진과의 거리가 가장 가까워 그들의 침입에 상대적으로 노출되어 있기 때문이었다. 따라서 온성진에는 유사시 인접 진보에 신속히 연락을 취하는 방법으로 다른 지역보다 봉수가 많이 설치되었다.[26]

이와 같이 선조는 두만강 지역 진의 번호를 무마시키는 정책을 취하면서도 번호의 침입에 대비하여 진의 방어 시설을 확장하였다. 이와 함께 조선 정부는 니탕개의 난을 진압한 이후 번호의 재침에 대비하기 위하여 함경도 두만강 유역 6진 지역의 군사력을 정비 증강하였다. 우선 무예에 능한 정예 무사를 증강 배치하기 위해 선조 16년 4월에 알성시 무과를 통해 무사 100명을 선발하여 북도의 방어 시설에 근무하게 하였고,[27] 동년 8월에는 별시 무과를 실시하여 무사 500명을 뽑아 6진 지역에 추가 파견하여 방어 시설에 근무하게 하였다.[28] 이듬해 1월에는 선조가 변경의 일이 매우 중요하기 때문에 수년 동안은 방어를 해이하게 해서는 안 된다고 하면서 오는 가을과 겨울 사이에 또 별시를 거행하여 무사 수백 명을 선발하는 것에 대해 의논하여 아뢰라고 전교하였다.[29]

한편 조선은 함경도 북도에서 출생하여 그곳의 지리에 밝고 여진

---

25 강영철,「朝鮮初期의 軍事道路 -北方 兩地帶의 境遇에 대한 試考-」,『한국사론』7, 국사편찬위원회, 1980, 375~377쪽.
26 김순남,「조선 成宗代 兀狄哈에 대하여」,『조선시대사학보』49, 조선시대사학회, 2009, 42쪽.
27 『宣祖實錄』卷17, 宣祖 16年 4月 乙卯條.
28 『宣祖實錄』卷17, 宣祖 16年 8月 癸酉條.
29 『宣祖實錄』卷18, 宣祖 17年 1月 壬辰條.

정세도 파악이 가능한 토병도 정비 증강하였다. 조선 시대 토병은 비정규군이어서 『경국대전』에 제도로서 명문화되어 있지 않고, 국경 지대 각 진보에만 설치한 특수한 군인이었다. 토병은 일정한 시기 각 진보에 설치된 것은 아니며 필요에 의해서 수시로 중요한 지역에 설치되었다. 토병을 설치하게 된 동기는 불시에 침입하는 여진인을 방어하기 위한 것이었고, 토병이 될 수 있는 자격을 갖추려면 그 고장에서 출생하고 성장하여 그곳의 지리뿐만 아니라 여진 정세도 잘 파악할 수 있는 사람이어야 했다.[30] 〈표 4-5〉는 선조 21년 함경도북병사 이일이 증보 간행한 『제승방략』의 두만강 유역 6진의 토병 수와 남방부방군사 수를 분석하여 정리한 것이다.[31]

〈표 4-5〉 『제승방략』의 6진 토병 수와 남방부방군사 수

		토병 수	남방부방군사 수
경원진	경원진	379	-
	아산보	69	52
	건원보	58	47
	안원보	47	37
	훈융진	114	39
회령진	회령진	545	-
	고령진	189	39
	보을하보	150	-
	풍산보	118	19
종성진	종성진	623	-
	동관진	183	56
	방원보	82	59
	세천보	42	58

---

30 李章熙, 「朝鮮前期 土兵에 對하여」, 『李章熙全集』 5, 景仁文化社, 2011, 62쪽.
31 李章熙, 위의 책, 48~49쪽 참고.

		토병 수	남방부방군사 수
온성진	온성진	323	-
	미전진	81	28
	유원진	123	44
	영건보	80	49
경흥진	경흥진	198	-
	서수라보	24	18
	조산보	48	30
	무이보	62	25
	아오지보	63	14
부령진	부령진	325	-
	양영만동보	28	50
	무산보	102	70
	옥련보	53	50
계		4,109	784

〈표 4-5〉에서 알 수 있듯이 니탕개의 난 이후 번호의 재침에 대비하기 위하여 정비한 6진의 토병은 도합 4,109명, 남방부방군사는 도합 784명이었다. 6진 방어를 위한 토병의 전체 인원수는 남방부방군사의 5배를 넘겼다. 경원진, 회령진, 종성진, 온성진, 경흥진, 부령진의 거진에는 남방부방군사는 없고 토병만을 상주시키고 있었는데, 이를 통해 보면 6진 지역의 거진 방어는 전적으로 토병에 의지하였음을 알 수 있다. 거진이나 각 진보의 토병은 그 수가 일정하지 않았고 하나의 진 안에서도 많은 격차를 보이고 있었다. 이는 지역의 중요성이나 경작에 따른 자연 조건의 차이에서 비롯된 현상으로 보인다. 결과적으로 더 많은 수의 토병이 설치된 것은 여진족의 침입 가능성이 다른 곳보다 높고 많은 사람이 농사를 지어 생계를 유지하는 지역들이었다.[32]

---

32 李章熙, 앞의 책, 2011, 48쪽.

이처럼 조선 정부는 니탕개의 난을 진압한 이후 번호의 재침에 대비하기 위하여 6진의 방어 시설을 확장하였고, 정예 무사와 토병 등의 군사력을 정비 증강하였다.

4. 번호의 침입에 대한 강경 대응

조선 왕조는 니탕개란 이후 두만강 하구의 녹둔도를 여진족의 내륙 침입을 막는 데 중요한 군사적 요충지로 여기고 방어의 강화와 군량의 비축을 위해서 녹둔도에 둔전을 설치하기도 하였다. 이후 선조 20년(1587)에는 조산만호 이순신에게 둔전의 일을 겸해 맡게 하였는데, 그해 가을에 풍년이 들어 경흥부사 이경록이 조산만호 이순신과 함께 추수를 감독하였다.[33] 이러한 상황에서 추도의 번호 마니응개가 녹둔도를 침입하였다. 그에 대한 내용이 『선조수정실록』에 다음과 같이 기록되어 있다.

> 번호가 녹둔도를 함락시켰다. 녹둔도에 둔전을 처음 설치할 때 흉년이 들어 수확이 없었다. 그런데 조산만호 이순신에게 둔전의 일을 맡게 하였는데 가을에 풍년이 들었다. 그리하여 추도의 번호 마니응개가 경원 지역에 있는 여진인의 촌락에 화살을 전달하고서 군사를 숨겨놓고 몰래 엿보다가 농민이 들판에 나가고 망루가 빈 것을 보고 갑자기 들어와 에워싸고 군사를 놓아 노략질하였다. 수호장 오형과 임경번 등이 포위를 뚫고 망루로 들어가다가 화살을 맞아 죽었다. 마니응개는 망루를 뛰어넘어 들어오다가 이몽서에게 살해되었다. 번호가 10여 인을 살해하고 1백 60인을 사로잡

---

33 『宣祖修正實錄』卷21, 宣祖 20年 9月 丁亥條.

아 갔다. 그리하여 이경록과 이순신이 군사를 거느리고 추격하여
적 3인의 머리를 베고 포로된 사람 50여 인을 빼앗아 돌아왔다.
(중략) 그 후 둔전이 혁파되었다.[34]

『선조실록』에 의하면 당시 번호가 녹둔도에 침입한 날은 9월 24일
이었다.[35] 이날 마니응개는 무이보 지역에 살고 있던 번호 하오랑아
와 김금이 그리고 경원진 지역에 살고 있던 번호 이청아 등에게 연락
을 하였다. 여진인들을 불러 모은 그는 추도에 군사를 숨겨 두고 몰
래 엿보다가, 농민이 들판에 나가고 망루가 빈 것을 보고 갑자기 쳐
들어와 에워싸고 군사를 놓아 노략질하였다.[36]

조선 정부는 번호의 녹둔도 침입으로 큰 피해를 당하자 둔전을 혁
파하였다. 그리고 함경도 북병사 장양공 이일은 녹둔도 사태의 책임
을 물어 이순신을 하옥시켰다.[37] 물론 경흥부사 이경록도 그와 함께
하옥시키고 이를 조정에 보고하였다.[38] 이에 10월 16일에 비변사에서
는 이들을 잡아 와서 취조할 것을 다음과 같이 청하였다.

> 이경록과 이순신 등을 잡아올 것에 대한 비변사의 공사를 입계하
> 자, 전교하였다. "전쟁에서 패배한 사람과는 차이가 있다. 병사로 하
> 여금 장형을 집행하게 한 다음 백의종군으로 공을 세우게 하라."[39]

---

34 『宣祖修正實錄』卷21, 宣祖 20年 9月 丁亥條.
35 『宣祖實錄』卷21, 宣祖 20年 12月 庚辰條.
36 李源明, 「조선중기 鹿屯島 확보와 北兵使 李鎰에 관한 일고찰 -『壯襄公全書』
(1893)를 중심으로-」, 『白山學報』83, 白山學會, 2009, 506쪽.
37 『宣祖修正實錄』卷21, 宣祖 20年 9月 丁亥條.
38 『宣祖實錄』卷21, 宣祖 20年 10月 乙丑條.
39 『宣祖實錄』卷21, 宣祖 20年 10月 辛未條.

위의 전교에서 "이경록과 이순신을 백의종군시켜 공을 세우게 하라"고 한 것은 선조가 녹둔도를 침입한 번호에 대해 문책성 소탕 작전을 염두에 두고 있었음을 뜻하는 것이 아닌가 생각된다. 이러한 선조의 뜻은 국지적이기는 하지만 북도 장수들에 의해 수행되고 있었다. 먼저 선조 20년 11월에 이일은 경흥부에 있는 추도의 마을을 소탕하였다.[40] 이어 이듬해 1월에도 그가 함경도의 군사를 거느리고 시전부락을 소탕하였는데, 이에 대한 내용이 선조 21년 1월 27일 기사에 다음과 같이 기록되어 있다.

> 북병사의 계본에, 경원의 번호 중 녹둔도에서 노략질을 한 시전부락을 이달 14일에 함경도의 토병 및 병사2천 5백여 명을 거느리고 길을 나눠 들여보냈다. 이경에 행군하고 삼경에 강을 건넌 후 여진인이 살고 있는 장막 2백여 좌를 불태우고 돌아 왔다고 하였다.[41]

시전부락 전투는 조선군의 희생자가 거의 없었다는 점이 특기할 만한 사실이다. 추도 전투와 시전부락 전투를 『선조수정실록』은 선조 21년 1월 1일 기사에 한데 묶어 다음과 같이 기록하였다.

> 북병사 이일이 순찰하던 중 경흥에 당도하여 김우추를 보내 4백 기를 거느리고 얼음을 타고 강을 건너 새벽에 추도를 습격하게 해서 배반한 여진인을 살해하였다. 이어 길주 이북 진의 군사 2천여 기를 출동시켜 회령부사 변언수, 온성부사 양대수, 부령부사 이지시를 장령으로 삼아 몰래 군사를 도강시켜 밤에 시전의 여진인을 습격하여 2백여 집을 불태웠다. 이는 녹둔도를 침입한 죄를 성토

---

40 『宣祖實錄』卷21, 宣祖 20年 11月 庚子條.
41 『宣祖實錄』卷22, 宣祖 21年 1月 辛亥條.

한 것이다.⁴²

『선조수정실록』의 기록은 공격 과정에 관한 내용을 조금 더 구체적으로 밝히고 있다. 여기서 부연 설명할 것은『선조수정실록』은 선조 사후 37년이 지난 인조 21년(1645)에 서인 정권이『선조실록』의 불공정한 내용을 수정한다며 편찬을 시작한 것이지만, 그 자체도 기초 자료가 부족하고 부정확한 한계를 가졌다는 점이다.『선조수정실록』은 그러므로 연월일순에 맞추어 기사를 편찬하지 못하고 매월 1일 자에 기사를 한 데 묶어 편찬하였다. 따라서 월별로 기사를 배치함에 있어 한두 달 정도의 착오는 있었으리라 생각된다.

선조는 토벌로부터 4개월 뒤인 5월에 다음과 같은 비망기를 내려 북병사 이일이 녹둔도를 침입한 시전부락을 정벌한 것을 크게 기뻐하며 그를 위로하였다.

> 비망기를 내려 이르기를, "지난 봄에 북병사 이일이 시전 부락을 토벌하였다. 이때 날씨가 몹시 추워 장병들의 손이 터지고 살이 찢어져 그 고초는 말로 표현할 수 없었다. 바로 잔치를 내려 위로해야 하는데 내가 까마득히 잊어 말하지 못하고 유사 또한 감히 품하지 못하였다. 지금 5개월이 지났는데 한 잔의 술도 내리지 못하였으니, 너무도 온당치 못하다. 나의 생각에는 속히 관리를 보내 그들을 위로하고 아울러 나의 뜻을 알렸으면 한다. 만약 관원을 보내는 것이 폐가 된다면 그곳 감사에게 명하여 잔치를 내리도록 하는 것이 어떠할지 비변사에 문의하라." 하였다. 회계하기를, "감사의 일행에는 따라 가는 사람이 매우 많아 그 폐단이 더욱 클

---

42 『宣祖修正實錄』卷22, 宣祖 21年 1月 乙酉條.

것이니 경관을 보내소서." 하니, 아뢴 대로 하라고 하였다.[43]

이는 역사상 그 전과가 가장 빛나는 획기적인 여진 토벌로 번호의 녹둔도 침입에 대한 죄를 물어 그들을 응징한 것이었다. 이와 같은 강경한 대응은 니탕개란 이후 번호 정책이 어떻게 변화하였는지 알 수 있게 하는 것이었다.

---

43 『宣祖實錄』卷22, 宣祖 21年 5月 壬寅條.

〈사진 4-4〉 장양공정토시전부호도 (출처: 육군박물관)

제 5 장

니탕개란의 영향과 의의

제5장

니탕개란의 영향과 의의

1. 서얼의 동원과 허통 실시

조선 왕조는 신왕조로서의 정치적 명분으로 고려 사회의 모순을 극복하고 역사가 요구하는 신질서로의 정립을 위하여 신분제의 재정비를 시도하였다.[1] 조선 사회의 신분제는 법제적으로는 양천제를 표방하고 있었으나, 실제로는 사회 신분층으로서 지배 계급인 양반 계층과 피지배 계급인 양민 계층 사이에 특유의 사회 신분층인 중간 계

---

[1] 이범직, 「조선 전기의 신분제」, 『한국사』 7, 한길사, 1994, 311~312쪽.

층이 있었다. 이러한 중간 계층을 일반적으로 중인이라고도 한다. 조선 시대 중인은 양반에는 미치지 못하고 양인보다는 우위에 있는 중간 신분층이었다. 중인이라는 명칭은 기술관들이 서울의 중심 지역에 모여서 거주하고 있었기 때문에 생겨난 것인데, 이것은 좁은 의미의 중인을 의미하는 개념이었다. 보다 더 넓은 의미의 중인에는 기술관을 비롯하여 서얼·서리·군교·토관 등을 포함시킬 수 있으며 이때의 넓은 의미의 중인이 바로 조선 왕조 사회 특유의 중간 계층을 이루고 있던 신분층이었다. 조선 시대의 중간 계층은 대체로 각종 실용 기술과 행정 말단의 실무를 담당하여 조선 왕조 사회를 실제적으로 운영하여 나간 자들이었다.[2]

각 신분을 가진 이들 간에는 혼인 관계, 직종의 차별과 기술직 세습, 거주지의 구별 등이 연관된 일정한 차별이 있어서 쉽게 이를 넘어설 수 없었다. 다만 신분의 이동에 있어 극히 제한된 범위이기는 하지만 상승이 가능하기도 했다. 중인에서 양반이 되는 길은 군공(軍功), 서얼허통(庶孽許通) 등이 있었고, 천인에서 양인이 되는 길은 군공종량(軍功從良), 납속속량(納粟從良) 등이 있었다. 그리고 양반이 2대 이상 향리로 있게 되면 향리가 된다든지 양인이 압량위천(壓良爲賤)으로 천인이 되기도 하는 등 신분이 하향하는 일도 일어날 수 있었다.[3]

조선 왕조는 신분제를 정비하면서 처와 첩 사이에 엄격한 구분을 제도화하고자 하였다. 이는 양반 사대부들이 자신들의 기득권을 지키기 위하여 지배층이 늘어나는 것을 막으려 한 것이었다. 서얼은 사족의 혈통을 받았으면서도 모계가 정처가 아닌 첩이었기 때문에 사

---

2 申解淳,「中間階層」,『韓國史』25, 國史編纂委員會, 1994, 110~112쪽.
3 李成茂,「15세기 양반론」,『朝鮮兩班社會硏究』, 일조각, 1995, 55쪽.

족으로서의 지위를 누리지 못하게 된 존재였다. 서는 양첩의 자손을, 얼은 천첩의 자손을 뜻하는 것이다. 서얼 차별이 관념적·법제적으로 강화되는 것은 조선 왕조의 성립과 함께 유학사상이 국가의 지도 이념이 되고 사대부 관료들에 의해 지배 신분의 양분화가 이루어지는 것과 밀접한 관련이 있었다.[4] 이와 같은 연유로 태종 대에 종친과 각품 관료의 첩의 자손은 현직에 나아갈 수 없었는데, 이에 대한 내용이 태종 15년(1415) 6월 25일자 기사에 다음과 같이 기록되어 있다.

> 우부대언 서선 등 6인이 진언한 것입니다. '종친과 각품의 서얼 자손은 현직 관리에 임명하지 않음으로써 적첩을 분별하소서.' 하였는데, 의논하여 결론을 얻기를, '진언한 대로 시행할 것.'이라고 하였다.[5]

그리하여 종친 및 각품 관료들의 서얼 자손은 현직에 임명될 수 없게 되었다. 그러나 이를 다른 측면에서 보면 이전에는 종친 및 각품 관료들의 서얼 자손이 현직에 임명되기도 했다는 것을 알 수 있다. 이에 대한 내용은 어숙권의 『패관잡기』에 다음과 같이 기록되어 있다.

> 서얼 자손에게 과거와 관직을 허락하지 아니하는 것은 삼한의 옛 법이 아니다. 경제육전을 살펴보면 영락 13년(1415) 우대언 서선 등이 서얼 자손을 현직에 임명하지 않음으로써 적서를 구분하여 분별할 것을 진언하였다. 이에 영락 13년 이전에는 현직에도 임명하였다.[6]

---

4 申解淳, 앞의 논문, 1994, 133쪽.
5 『太宗實錄』卷29, 太宗 15年 6月 庚寅條.
6 魚叔權, 『稗官雜記』2. "庶孼子孫 不許科擧仕路 非三韓舊法也 按經濟六典 永

이처럼 어숙권의 『패관잡기』에는 태종 15년에 서선 등이 서얼 자손을 현관에 임명하지 않음으로써 적서를 분별할 것을 진언하였다고 기록되어 있다. 그리고 『태종실록』에는 종친 및 각품 관료들의 서얼 자손을 현관에 임명하지 않음으로써 적첩을 분별할 것이 진언되였다는 기록이 있다. 이런 점에서 1차 사료인 『태종실록』의 기록은 신빙성을 갖춘 것으로 판단할 수 있다.

태종 15년 종친 및 각품 관료들의 서얼 자손은 현관에 임명될 수 없었다. 그런데 이는 종친 및 각품 관료들의 서얼 자손에게만 해당되는 것이었고, 모든 서얼 자손에게 해당하는 것은 아니었다. 그리하여 세조 대에 서얼 출신이 문과에 응시하기도 하였다. 세조 14년(1468)에는 서얼 류자광이 문과 친시에 응시하여 장원을 하기도 하였으나, 다만 이는 일시적 특례에 지나지 않는 것이었다.[7]

조선 시대 양반으로 출세하는 길은 과거와 입공(立功)의 두 길이 있었는데 입공보다는 과거가, 과거 중에서도 무과보다는 문과가 더욱 중요한 통로였다. 그런데 천자수모(賤者隨母)라는 관념에 사로잡혔던 사대부 관료들은 첩의 자손에 대한 끊임없는 제재를 가하였고, 결국 서얼과 그 자손이 양반 관료가 되는 길을 막기 위하여 서얼금고(庶孽禁錮)의 규제를 가하였다.[8] 그 연장선에서 사대부는 서얼과 그 자손이 문과와 생원·진사시에 응시하는 것을 금지하였는데, 이 규정이 『경국대전』에 다음과 같이 명시되어 있다.

樂十三年 右代言徐選等陳言 庶孽子孫 勿敍顯職 以別嫡庶之分 以此觀之 永樂十三年以前 則顯職亦敍"

7 申解淳, 앞의 논문, 1994, 134쪽.
8 申解淳, 앞의 논문, 1994, 134쪽.

> 첩 소생의 자손에게는 문과 시험과 생원 및 진사 시험에 응시하
> 는 것을 허락하지 않는다.[9]

『경국대전』은 편찬은 세조 4년(1458)에 시작되어 성종 16년(1485)에 이를 반포하였다. 『경국대전』의 반포로 서얼금고가 시행되어 서얼과 그 자손의 문과 응시는 금지되었다. 다만 『경국대전』에는 서얼이 무과와 잡과에 응시할 수 있는지의 여부는 명시되지 않았다. 그리하여 서얼의 서얼의 무과와 잡과 응시는 논의의 대상이 되었으나, 점차 허용되는 추세가 되었다.[10]

서얼의 과거 응시 자격 박탈은 그들이 전혀 관직에 나아갈 수 없었다는 것을 의미하지는 않는다. 서얼이라도 음서의 혜택을 입을 수 있었고, 본인의 의사에 따라서는 잡과에 응시할 수도 있었기 때문이다. 그러나 조선 왕조는 서얼 신분의 양반 신분에의 참여 가능성을 철저히 봉쇄하였다. 서얼에 대한 이 같은 조처는 지배자집단으로서의 입장에서 자신들의 지위와 권한을 고수하려는 사대부 관료들의 의지가 작용한 결과였다.[11]

서얼의 서와 얼은 모두 첩자를 뜻하므로 서얼은 곧 첩의 자손이다. 서얼 신분은 조선 초기 특정한 역사적 국면 속에서 발생한 하나의 특수한 신분층으로서 양첩 자손의 전부와 천첩 자손의 일부로 구성되었고, 통시대적으로 나타나는 일반적인 서얼 또는 첩자와는 구분되

---

9 『經國大典』卷3, 禮典, 諸科條. "庶孼子孫 勿許赴文科生員進士試"
10 崔異敦, 「조선 초기 서얼의 차대와 신분」, 『歷史學報』 204, 역사학회, 2009, 155쪽.
11 지승종, 「朝鮮前期의 庶孼身分」, 『사회와 역사』 27, 한국사회사학회, 1991, 120~121쪽.

어야 하는 개념으로 볼 수 있다. 서얼 자손의 관직 진출 금지 즉 서얼 금고는 적자손들과 구별되는 서얼 신분이라는 독자적인 신분을 성립시킨 중요한 계기가 되었다.[12]

서얼은 조선 초기에 형성된 특수한 신분층으로서 한품서용이 『경국대전』에 규정되어 문과 응시 자격을 박탈당하는 등 법적으로 차별을 받았고, 제사 상속과 재산 상속 그리고 가족 내의 위치에 있어서도 차별 대우를 받았다. 특히 조선 시대 제사 상속은 가계의 계승과 가장권의 상속을 뜻하는 중대한 의미를 지니고 있는데, 서얼은 적장자가 후손이 없고 중자에게도 후손이 없을 경우 호주가 되어 제사를 계승하는 가장권을 상속받을 수 있었다. 그러나 대부분의 사족들은 비록 자신의 혈육이지만 사족 신분에 들지 못하는 서얼에게 가장권을 넘겨주지 않고 동족 가운데서 양자를 세우는 경우가 많았다. 이는 서얼을 후사로 삼아 가계를 계승하게 되면 서얼금고 등 서얼에 대하여 가해지는 여러 가지 제약으로 인해 양반 신분의 유지가 어렵게 되기 때문이었다.[13]

조선 시대 기술관은 특수한 기술학에 종사하는 사람들을 총칭하는 것으로, 이 중 역관·의관·천문관·지관은 정삼품 당하관까지 올라갈 수 있는 상급 기술관이라 할 수 있다. 서얼은 한품서용이 『경국대전』에 규정되면서 문과 시험과 생원 및 진사 시험 응시가 법적으로 금지되었으나, 문무관 2품 이상의 양인 첩의 자손에게는 정3품 상급 기술관으로서의 임용이 허용되었다.[14] 이 규정이 만들어진 이후에도

---

12 지승종, 앞의 논문, 1991, 100~103쪽.
13 申解淳, 앞의 논문, 1994, 123~136쪽.
14 『經國大典』卷1, 吏典, 土官職, 限品敍用條.

왕실이나 고위 관료의 서얼은 과거 응시가 가능했다.[15]

서얼의 과거 응시에 관하여서는 규제를 강화하여야 한다는 의견과 허용하자는 의견이 충돌하며 계속 정치적으로 문제가 되었고, 서얼과 그 자손을 자와 손으로 해석하느냐 자자손손으로 해석하느냐에 대해 의견이 일치하지 않아 논의가 끊임없이 전개되었다. 서얼의 과거 응시 규제의 강화와 허용에 대한 논의는 명종 8년(1553)에 본격화되었다. 그리하여 명종은 양첩의 아들로서 양처를 취했을 경우에는 손자에 이르러서 허통하고, 천첩의 아들로서 양처를 취했을 경우에는 증손에 이르러 허통하되, 현직에는 서용하지 않도록 명하였다.[16] 그리하여 서얼 신분은 첩자 당대에 그치지 않고 그 자손에게 대대로 계승되도록 그 범위가 정해지게 되었던 것이다.

서얼과 그 자손의 문과 응시 금지 즉 서얼금고는 서얼 신분이 당면한 일차적인 문제였을 뿐만 아니라 그들이 감수해야 할 신분적 제약의 원천이 되었다.[17] 서얼 신분은 문과 응시를 통한 신분 상승이 거의 불가능하였으므로 계속하여 허통을 요구하였고,[18] 그에 따라 임시로 서얼허통이 실시되기도 하였다. 다만 이 시기의 서얼허통은 개인적인 요청을 받아 일부에 국한해 실시된 것이었다.[19]

이러한 상황에서 서얼금고는 선조 16년(1583) 1월 번호 니탕개의 침입을 계기로 제한적으로나마 풀리는 국면을 맞이하게 된다. 니탕개

---

15 崔異敦, 앞의 논문, 2009, 155쪽.
16 『明宗實錄』卷15, 明宗 8年 10月 庚辰條.
17 지승종, 앞의 논문, 1991, 100~104쪽.
18 『明宗實錄』卷24, 明宗 13年 8月 庚午條.
19 『明宗實錄』卷32, 明宗 21年 2月 辛巳條.

의 침입으로 경원진과 안원보의 성이 함락된 후,[20] 선조 16년 2월에 병조에서 서얼이 6진의 방어에 자원을 하여 만 3년이 되면 과거에 응시할 수 있도록 허용하자고 다음과 같이 건의하였다.

> 병조의 사목에, 자원하여 육진 방어에 임한 자는 만 3년이 되면 서얼은 과거에 응시할 수 있도록 허락한다고 하였는데, (중략) 양사가 거행하지 말 것을 청하였으나 윤허하지 않다가 뒤에 윤허하였다.[21]

이 같은 건의는 니탕개란으로 인해 6진의 병력을 충원하지 않으면 안 될 위기에 처했기 때문에 나온 것이라 할 수 있을 것이다. 한편 이와 같은 건의에 대해 사헌부와 사간원은 거행하지 말 것을 청하였는데, 이는 선조 대에 사림의 집권 이후 성리학적 신분 질서를 확립하고자 하는 의도로 청한 것이라 사료된다. 이러한 사헌부와 사간원의 요청에 대해 선조는 처음에는 윤허하지 않았는데, 이는 그가 병조의 건의에 대해 긍정적이었음을 뜻하는 것으로 생각할 수 있다. 그러나 얼마 뒤에 사헌부와 사간원의 요청을 윤허함으로써 서얼 허통은 무산되는 듯이 보였다.

그 후 니탕개의 침입을 물리치고 나서 적과 소강 상태에 있던 4월에 병조판서 이이는 다시 선조에게 니탕개란이 확산되면 함경도의 병력만으로는 지탱할 수 없을 뿐만 아니라 군량으로 쓸 양식을 모으기도 어려운 형편이라고 하면서 일상적인 규정에만 얽매이지 말고 6진

---

20 『宣祖實錄』卷17, 宣祖 16年 2月 壬辰條.
21 『宣祖實錄』卷17, 宣祖 16年 2月 乙未條.

의 방어와 식량 확보를 위하여 서얼을 활용하고 그들에게 허통의 혜택을 줄 것을 다음과 같이 건의하였다.

> 병조판서 이이가 상소하였다. "경원의 하찮은 오랑캐들이 끝내 잘못을 뉘우치지 않고 다른 진영의 번호들까지 기회를 틈타 부추김을 받고 난을 일으킨다면 함경도의 병력만으로는 결코 지탱할 수가 없을 것입니다. 그렇다고 해서 지금 구원병을 보내자니 훈련도 안 된 백성을 몰아넣기가 어려운 형편이고 식량을 실어 보내자니 2천 리의 먼 길에 양식을 모으기가 어려운 형편입니다. 이러한 때에 일상적인 규정에만 얽매인다면 잠깐 사이에 일을 그르치고 말 것입니다. 신의 계책은 전에 이미 발의되었다가 다시 중지되었는데, 지금 와서도 더욱 별다른 대책이 없습니다. 따라서 신의 말을 쓰신다면 서얼과 공·사천 중에서 무예에 재능이 있는 자를 모집하여 스스로 식량을 준비해서 남도와 북도에 들어가 방어하게 하되, 북도는 1년, 남도는 20개월을 기한으로 하여 응모자가 많도록 하는 한편 병조에서 시험을 한 후 보내게 하십시오. 그리하여 서얼에게 과거 응시 자격을 허용하게 하십시오."[22]

납속정책(納粟政策)은 임진왜란 당시 식량의 부족 등 국가 재정의 빈곤을 타개하기 위한 임시방편으로 시행한 정책이나 이전에도 실시한 적이 있었다. 그리고 임진왜란이 끝난 후에도 관례가 되어 국가에서는 진휼 사업으로 재정의 부족함을 느낄 때마다 납속을 실시하였다. 납속 정책은 양반 체제를 유지하기 위하여 불가피하게 실시한 정책이었으나 이로 인하여 신분 상승의 문을 여는 결과가 되기도 하였다.[23] 이러한 상황에서 선조는 니탕개란으로 인해 서얼의 벼슬길을

---

22 『宣祖修正實錄』卷17, 宣祖 16年 4月 壬子條.
23 李章熙,「兩班·農民層의 變化」,『한국사13 - 兩班社會의 變化』, 國史編纂委員

열어 주는 것을 허락해 주도록 다음과 같이 다시 명하였다.

> 왕이 서얼의 과거 응시를 허락해주도록 다시 명했는데, 스스로 장비를 갖추고 변방에 가서 만 3년 동안 방어한 서얼은 과거 응시 자격을 허용하였고, 또 변방에 쌀을 바친 서얼도 과거 응시 자격을 허용하였다.[24]

이처럼 선조가 실시한 서얼 허통은 병력의 충원과 군량의 보급을 위한 것이었다. 서얼 신분은 성종 16년(1485)에 완성된 『경국대전』에 한품서용이 규정되어 문과 응시 자격을 박탈당하였고, 명종 10년(1555)에 반포된 『경국대전주해』에서 자손을 자자손손으로 규정하여 서얼 신분은 첩자 당대에 그치지 않고, 그 자손에게 대대로 계승되도록 그 범위가 정해져 법적으로 차별을 받았다. 이러한 상황에서 니탕개란으로 인해 서얼은 스스로 장비를 갖추고 변방에 가서 만 3년 동안 방어하거나 변방에 쌀을 바치면 합법적으로 과거 응시 자격을 부여받을 수 있는 기회가 주어졌다.

요컨대 니탕개란의 영향으로 실시된 서얼 허통은 양반 관료 국가의 통치 체제를 유지하기 위한 정책이었으나, 결과적으로는 서얼의 신분 상승을 가능하게 하는 계기가 되었던 것이다.

會, 1976, 447~458쪽.
24 『宣祖修正實錄』卷17, 宣祖 16年 4月 壬子條.

2. 노비의 종군과 종량 허용

노비(奴婢)는 원시 공동체 사회가 해체되고 계급 분화가 시작되면서 출현하여 고대·중세 사회를 거쳐 조선 왕조에 이르기까지 수천 년 동안 사회적 최하층민으로 존재하여 왔다.[25] 조선 전기 신분 제도에 있어서 천인의 대부분을 이루는 노비는 사회 계층 중의 최하층·최하천의 신분으로서 지배 신분층이나 국가기관에 소속되어 경작 노동과 각종 잡역을 수행하였다. 그중 노비가 해야 하는 노력 봉사, 즉 잡역은 일종의 신역이었다. 신역(身役)을 직접 노동력으로 치르지 않는 노비는 그 대신 쌀·비단·화폐 등으로 신공(身貢)을 납부하였다. 그런데 양인 신분은 신역을 남자들만 졌던 것에 비하여 노비는 노와 비 모두가 부담하게 있었다. 이것은 신분의 차이에서 오는 불평등이었다.[26]

조선 전기 노비는 양인이 국가에 군역의 의무를 지는 데 비하여 주인집이나 해당 관청에 노력 봉사를 하거나 신공을 납부하였다. 공노비(公奴婢) 중의 입역 노비(立役奴婢) 또는 사노비(私奴婢) 중의 솔거 노비(率居奴婢)를 제외한 16~60세에 이르는 모든 노비는 신공을 납부하였다. 사노비는 신공을 주인에게 납부하였고, 공노비는 신공을 자기가 소속되어 있는 관청에 납부하지 않고 사섬시(司贍寺)에 일괄적으로 납부하였다.[27]

이러한 부담은 공노비보다 사노비에게 더욱 심하였다.[28] 사노비는 주인과 개별적, 사적 지배 관계에 예속되어 있었을 뿐만 아니라 개인

---

25 李成茂,「朝鮮時代 奴婢의 身分 地位」,『朝鮮兩班社會研究』, 1995, 307쪽.
26 池承種,「朝鮮前期 公奴婢制度의 構造와 變化」,『韓國學報』 32, 1983, 59쪽.
27 李成茂, 앞의 논문, 1995, 330쪽.
28 全烱澤,「朝鮮初期의 社會와 身分構造」,『韓國史』 25, 國史編纂委員會, 1994, 203쪽.

의 사적 재산으로 간주되었기에 노비의 의사와는 관계없이 소유주의 자의로 매매·상속·증여가 가능하였기 때문이다. 노비의 상전은 노비를 관청에 신고하여 허가를 받고 죽일 수 있는 법률적인 권한이 있었다. 그런데 관청의 허가를 받지 않고 참혹한 방법으로 노비를 죽인 경우에는 살해한 자에게 곤장 60대, 도형 1년 또는 곤장 100대의 형벌에 처하고 피살된 노비의 가족에 대하여 사노비에서 공노비로 그 소속을 바꾸어 주는 조처를 취하였다. 그러나 노비는 그의 상전이 모반 음모를 꾀한 것이 아닌 이상 어떠한 범죄를 저질렀더라도 관청에 신고할 수 없었다. 상전을 관에 고해 바치는 것은 도덕적으로 강상을 짓밟는 것이 되어 법률적으로 교살에 해당하는 중죄를 범하게 되는 것이다.[29]

노비는 그 자녀에게 신분이 세습되었다. 노비의 소생이 노비가 되는 관행은 이미 오래전부터 있었는데, 기록에 나타난 노비세전법(奴婢世傳法)의 실시는 고려 건국 초기부터 있었다. 고려를 건국한 태조 왕건은 전쟁 노비를 해방시켜주고자 하였으나 공신들의 뜻을 거스를까 염려하여 본래의 뜻을 버리고 노비세전법의 시행을 묵인해 주었던 것이다. 그 후 정복 전쟁이 없어지자 노비를 증가시키는 가장 자연스러운 방법은 노비세전법이었으므로, 이 법은 지속되어 왔다.[30] 그 후 조선 왕조는 부모 중 어느 한쪽이 노비이면 그 자녀는 노비의 신분을 이어받도록 규정하여 노비의 신분 세습이 법제화되었다. 이에 대한 내용이 『경국대전』에 다음과 같이 기록되어 있다.

---

29 李載龒,「朝鮮 前期의 奴婢 硏究」,『崇田大學校 論文集』3, 1971, 181쪽.
30 李成茂,「朝鮮初期 奴婢의 從母法과 從父法」,『朝鮮兩班社會硏究』, 1995, 342쪽.

> 대체로 천인에 속하는 사람은 어머니 쪽의 신역을 따른다. 단지 천인이 양인 여자에게 장가들어 난 자식은 아버지 쪽의 신역을 따르게 한다.[31]

노비세전법은 고려 시대 이래 원칙적으로 수모법(隨母法)을 채용하여 왔고, 예외로 노와 양처와의 소생은 종부법(從父法)을 취하였다. 천자수모법(賤者隨母法)에는 두가지 의미가 있다. 하나는 소유주가 서로 다른 노와 비가 혼인했을 경우 그 소생이 어머니의 소유주의 소유로 되는 소유권 귀속의 의미였고, 다른 하나는 양인 남자와 비가 혼인한 경우 그 소생이 어머니의 신분을 따라 노비로 되는 신분 귀속의 의미였다. 그리하여 노비 상호 간의 결혼은 물론이고 노비와 양인 사이의 결혼에 있어서도 부모 중 한쪽이 노비이면 그 소생은 노비 신분으로 귀속되게 되어 있었다.[32] 이러한 상황에서 『경국대전』에 부모 중 어느 한쪽이 노비이면 그 자녀는 노비의 신분을 이어 받도록 규정되어 노비의 신분 세습이 법제화되었다.

『경국대전』에 노비세전법이 법제화되어 노비는 법제상의 지위에 있어서 사회 최하층으로 그 처지가 대단히 열악하여 주인에게 소유되어 철저히 예속당하였고, 국가의 공권력에 의해서도 생명조차 제대로 보호 받지 못하는 존재였다. 특히 사노비는 주인집 내에 포함되어 있는 존재이기 때문에 주인에 대한 불순은 집안 내의 문제이었다. 그런데 국가 전체에 확산되면 곧 국가에 해를 끼치는 중대한 사회 문제가 되는 것이었다. 그리하여 『대명률직해』에 의하면 노비가 주인을

---

31 『經國大典』 卷5, 刑典, 公賤條.
32 李載龒, 앞의 논문, 1971. 178~179쪽.

구타했을 경우에는 참형에 처하였고, 살해했을 경우에는 능지처사에 처하였다. 주인을 살해한 노비를 능지처사의 최극형에 처한 것은 범죄에 대한 극단적인 처벌뿐만 아니라 처벌을 통해 노비들에 대한 경고와 재발 방지의 효과까지 노린 것이었다.[33]

노비가 혼인과 출생을 통하여 양인으로 될 수 있는 길은 부계 혈통이 양반인 경우에는 가능하였으나, 그 이외의 경우에는 거의 불가능할 정도로 폐쇄적이어서 노비의 자식들은 자자손손 노비 신분에서 벗어날 수가 없었다. 그러나 임시적이지만 노비 중의 일부는 국가에 공을 세워 합법적으로 종량되어 노비 신분에서 벗어나기도 하였다. 즉, 중종 대에는 노비가 모반 사건에 공을 세워 종량한 사례가 있었고,[34] 명종 대에는 을묘왜변 당시 노비가 군공을 세워 종량된 사례도 있었다.[35] 또한 황해도에서 도적이 출몰하였을 때 백성을 안정시킬 대책의 일환으로 노비가 도적을 체포하면 종량시킨 사례도 있었다.[36] 그런데 이러한 일은 극히 이례적인 경우여서 노비가 합법적으로 양인이 되는 길은 거의 막혀 있었다.

이러한 상황에서 니탕개란을 계기로 노비세전법이 제한적이지만 풀리는 국면을 맞이하게 된다. 선조는 니탕개란이 일어나자 비변사에 전교를 내려 안변 이북의 사노비들 중에 건장한 자는 모두 동원하여 군대로 편성한 후 6진의 방어에 임하게 하는 방안에 대해 의논하여 아뢰도록 하라고 하였다.[37] 이에 병조에서 노비가 6진의 방어에 자원

---

33 池承種, 『朝鮮前期奴婢身分硏究』, 一潮閣, 1997, 351~365쪽.
34 『中宗實錄』卷39, 中宗 15年 6月 壬戌條.
35 『明宗實錄』卷19, 明宗 10年 閏11月 丙戌條.
36 『明宗實錄』卷25, 明宗 14年 3月 乙酉條.
37 『宣祖實錄』卷17, 宣祖 16年 2月 癸巳條.

을 하여 만 3년이 되면 종량을 시키자고 다음과 같이 건의하였다.

> 병조의 사목에, 자원하여 육진 방어에 임한 자는 만 3년이 되면 서얼은 과거에 응시할 수 있도록 허락하고, 노비는 종량하되, 사노비인 경우에는 공노비로 대신 충원한다고 하였다. 양사가 거행하지 말 것을 청하였으나 윤허하지 않다가 뒤에 윤허하였다.[38]

이 같은 건의에 대해 사헌부와 사간원은 성리학적 신분 질서의 확립을 명분으로 거행하지 말 것을 청하였다. 선조는 처음에는 이를 윤허하지 않았는데, 이는 앞서 자신이 사노비를 동원하여 6진 방어부대를 편성해 보라는 안을 제시하였기 때문에 병조의 건의를 긍정적으로 수용하려 했다는 것을 뜻하는 것이라 생각된다. 그러나 얼마 뒤에 양사의 요청을 윤허함으로써 노비종량이 무산되는 듯이 보였다. 그 후 적과 소강 상태에 있던 4월에 병조판서 이이는 니탕개란이 확산되면 함경도의 병력만으로는 지탱할 수가 없을 뿐만 아니라 양식을 모으기도 어려운 형편이라고 하면서 변경의 방어와 식량 확보를 위하여 서얼과 함께 노비도 활용하고, 노비에게는 종량의 혜택을 줄 것을 다음과 같이 건의하였다.

> 병조판서 이이가 상소하여 아뢰기를, "경원의 하찮은 오랑캐들이 끝내 잘못을 뉘우치지 않고 다른 진영의 번호들까지 기회를 틈타 부추김을 받고 난을 일으킨다면 함경도의 병력만으로는 결코 지탱할 수가 없을 것입니다. (중략) 노비 중에서 무예가 있는 자를 모집하여 스스로 식량을 준비해서 남도와 북도에 들어가 방어하

---

38 『宣祖實錄』卷17, 宣祖 16年 2月 乙未條.

게 하되, 북도는 1년, 남도는 20개월을 기한으로 하여 응모자가 많도록 하는 한편 병조에서 시험을 한 후 보내게 하소서. 그리하여 노비는 종량하여 양인이 되게 하십시오." 하였다.[39]

이에 선조는 노비의 종량을 허락해 주도록 다음과 같이 다시 명했다.

> 노비에게 종량하게 하는 것을 허락해주도록 다시 명했다. 스스로 장비를 갖추고 변방에 가서 만 3년 동안 방어한 자는 종량하게 하였다.[40]

16세기 후반 조선은 군액의 부족으로 신분과 직역을 매개로 하던 번상제(番上制)가 붕괴된 상황이었고, 니탕개란 당시 군사 수의 부족은 양반 집권층이 노비의 군역 편입을 반대할 수 없게 하는 하나의 요인이었다. 그리고 조정에서도 니탕개란을 진압하기 위해서는 양인개병제(良人皆兵制)에 집착하지 않고, 기존과 다른 대책이 필요함을 인지했던 것이다. 그러므로 니탕개란을 진압하기 위해 군역의 대상이 아니었던 노비를 군사로 선발했던 것은 조선 왕조의 군사 동원 체제였던 양인개병제가 제대로 이루어지지 않았기 때문이다.[41]

요컨대 니탕개란의 영향으로 실시한 노비종량도 양반 관료 국가의 통치 체제를 유지하기 위하여 불가피하게 실시한 정책이었으나, 결과적으로는 노비들에게 신분 상승의 문이 열리는 계기가 되었다.

---

39 『宣祖修正實錄』卷17, 宣祖 16年 4月 壬子條.
40 『宣祖修正實錄』卷17, 宣祖 16年 4月 壬子條.
41 尹浩亮, 「宣祖 16년(1583) '尼湯介의 亂'과 조선의 대응」, 『軍史』82, 國防部 軍史編纂硏究所, 2012, 65~66쪽.

3. 16세기 말 군역제의 동요와 북도 군사 방어 체제의 재편

　니탕개가 두만강 변경의 진을 침입할 당시 조선의 군사력은 조선 초기에 비해 현저히 약화되어 있었다. 니탕개란 무렵의 군사력은 사료가 거의 없어 정확하게 알 수 없으나, 선조 27년(1594) 류성룡이 올린 진시무차(陳時務箚)에 의하면 갑사(甲士)는 4,640명, 별시위(別侍衛)는 1,119명이었다.[42] 그런데 『경국대전』에 갑사의 정액은 14,800명이었고, 별시위의 정액은 1,500명이었다.[43]

　조선 초기 사회에서 군사의 비중은 적지 않았다. 갑사와 별시위 등으로 이루어진 16,000여 명의 무사가 있었고, 의무 군역을 수행하는 군사인 정병과 수군 등은 130,000여 명이 있었다. 이들 군인들은 각각 2~3명의 봉족을 가지고 있었고, 여기에 포함되지 않은 장정들은 잡색군으로 편제되었다.[44] 이로 미루어 보아 선조 16년(1583) 니탕개란 당시 조선의 군사력은 조선 초기에 비해 약화되어 있었다.

　조선 초기 군제는 모든 양인 남자들이 군사 조직에 편성되는 양인개병(良人皆兵制)이었다. 그러나 16세기에 양인개병의 군제는 심각한 위기 상황에 직면하게 되었다. 이이는 만언봉사에서 군정 개혁의 첫 번째 항목으로 지방군의 방군수포(放軍收布)를 들고 있다. 그리하여 16세기에 군역제가 전반적으로 동요하고 있었다.

　이러한 상황은 16세기 말 더욱 악화되었는데, 이이가 선조 7년(1574) 1월에 만언소를 올려 지금 군정이 무너져서 변방은 무방비 상태이기

42　柳成龍, 『西厓集』 卷5, 陳時務箚條.
43　『經國大典』, 兵典條.
44　김종수, 「훈련도감 설치 및 운영의 동아시아적 특성」, 『장서각』 33, 한국학중앙연구원, 2015, 31쪽.

때문에 급박한 일이 생겨도 병졸이 없는 상황이라고 하였던 것을 통해 그 실상을 알 수 있다.[45] 그 후 이이는 선조 14년(1581) 5월에 상소를 올려 군정의 폐단을 지적하였고,[46] 다음 해 9월에도 상소를 올려 군사가 쇠약하여 외적이 변방을 침범하면 방어할 병력이 없는 상황이라고 진언하였다.[47]

이처럼 16세기 말 군정은 해이해지고 병력은 부족하였지만 국경 방비의 필요성은 이전보다 오히려 중요시되고 있었다. 이는 당시 여진 사회의 내부 변화로 인해 명의 책봉 체제가 동요되어 명과 여진의 관계가 이전과는 다른 양상으로 전개되고 있었기 때문이었다. 그리하여 조선 왕조는 명의 책봉 체제 동요로 인한 북쪽의 국경 방비와 국방 강화를 위해 군역 자원의 확충과 군제 개편이 필요하였다. 이러한 상황에서 선조 16년 1월 말 니탕개란이 발발하였다.

니탕개란은 지금까지 조선이 경험한 여진의 침입보다 규모가 큰 변란이었다. 조선 왕조는 조방장을 경군과 함께 파견한 후, 도순변사 이하 방어사를 처음으로 함께 파견하였다. 갑작스러운 변화로 그간 명맥을 유지하여 왔던 함경도 북도의 진관편제적 방어 태세는 이때 크게 동요하였다.[48]

조선 왕조는 함경도 북도 지역에 여진의 침입이 발생하면 북병사를 정점으로 하는 군사 지휘 체계를 유지하면서 북병사의 지휘를 보조하는 조방장을 파견하였는데, 니탕개란이 발발하자 조방장을 우선

---

45 『宣祖修正實錄』卷8, 宣祖 7年 1月 丁丑條.
46 『栗谷全書』,「栗谷先生全書」卷7.
47 『栗谷全書』,「栗谷先生全書」卷7.
48 육군본부, 『韓國軍制史 -近世朝鮮前期篇-』, 육군사관학교 한국군사연구실, 1968, 374쪽.

적으로 파견한 후 북병사보다 품계가 우위에 있는 정2품 도순찰사와 북병사와 같은 품계인 종2품 방어사를 파견한 것이었다. 이는 함경도의 군사 체계에 변화를 가져온 사건이었으며, 이와 같은 사례로 당시 정부가 함경도의 자체 방어만으로는 전투에서 승리할 수 없다는 인식을 가지고 있었음을 알 수 있다. 함경도 지역에는 관찰사가 병사를 겸직하도록 되어 있었지만 관찰사는 실질적으로 민정만 담당할 뿐 함경도 북도 지역의 군권은 북병사가 맡고 있었다. 그런데 니탕개란 당시 전투가 확대되어 함경도 남도 지역의 군사까지 동원될 경우에는 북병사와 남병사간의 지휘권이 충돌될 우려가 있었다. 특히 북병사와 같은 품계인 방어사까지 파견되었기 때문에 이들의 지휘 체계를 명확히 할 필요가 있었다. 이에 조정에서는 도순찰사를 파견하여 그를 함경도의 최고 군사 지휘관으로 삼아, 지휘권 충돌에 대한 우려를 방지하면서 지휘 체계를 확립하였다. 이로 미루어 보아 조정에서는 함경도 북도 지역의 평상시 지휘 체계 대신에 비상 전시 체제를 따로 개편해 운영할 만큼 니탕개란을 위급한 사안으로 인식하였다는 것을 추측해 볼 수 있다.[49]

니탕개란은 을묘왜변 이후 30여 년간 평화가 지속되며 군정의 해이를 방치하고 있던 조선의 국방 태세에 큰 충격을 주었다. 더구나 난이 평정된 뒤에도 번호의 침입이 언제 있을지 모르는 상황이었다. 그리하여 조선 정부는 도순찰사로 하여금 연말까지 함경도 북도에 머물게 하면서 방어 준비를 진행하게 하였고, 경상도와 전라도 고을의 문관 수령을 무신으로 대체 임용하여 남방의 왜의 침입에 대한 방

---

49 尹浩亮,「宣祖 16년(1583) '尼湯介의 亂'과 조선의 대응」,『軍史』82, 國防部 軍史編纂硏究所, 2012, 62쪽.

비도 함께 하기 시작하였다.[50] 이는 북쪽에서 여진의 침입이 있으면 남방의 왜에 대한 방비를 고려하는 것이 조선의 전통적인 국방 태세였기 때문이었다.[51] 이러한 일련의 조치로 인해 선조 20년(1587)부터 남방에서 실제로 왜구의 출몰이 있기 시작하였을 때 조선은 이전보다 강화된 왜구 방비책으로 대응할 수 있었다.

니탕개란 이후 조선 왕조는 번호의 침입에 대비하고 북변 방비태세를 강화하기 위하여 니탕개란 당시 경원부사로 활약하였고[52] 명장으로 소문났던 이일을 함경도 북도의 병마절도사로 임명하였다. 『조선왕조실록』 기록에는 이일을 북병사로 임명한 기록이 없다. 그러나 『선조실록』 권21, 선조 20년 9월 경인조에 북병사가 이일이라는 기록이 있으므로 이일이 북병사에 임명되었던 것은 그 전의 일이다.

북병사 이일은 함경도 북도의 병마절도사로 부임한 후 번호의 침입을 대비하고 북변 방비태세를 강화하기 위하여 새로운 방어체제로서 남방에서 을묘왜변 이후 시행되던 제승방략(制勝方略)을 도입하여 북도제승방략(北道制勝方略)으로 방어를 강화하고자 하였다.

제승방략은 제승하는 방략이란 의미로 그 역사적 의미는 원래의 방어 체제인 진관편제가 군사의 피폐로 기능이 상실되자 잔존한 병력을 총동원하여 집중적으로 적을 방어하는 방책이었다. 남방에서는 경장의 파견이 잦아 새로운 분군법에 커다란 위치를 차지하는 형태로 나타났고, 북방에서는 경장의 응원이 없는 형태로 나타났으나 진

---

50 『宣祖實錄』卷17, 宣祖 16年 2月 癸卯條.
51 육군본부, 앞의 책, 1968, 375쪽.
52 『宣祖實錄』卷17, 宣祖 16年 4月 戊午條.

관편제를 대신하는 전법이라는 점에서는 남방의 것과 같았다.[53]

　북병사 이일의 북도제승방략은 함경북도에 적의 침입이 있을 경우 이를 물리치기 위한 방략으로 6진대분군과 삼읍분군에 의하여 도내의 군사 방어 체제를 새로이 편성한 것이었다. 북병사의 군대는 이와 같은 체제 개편으로 정비를 마친 다음 여진인의 소탕전을 시행하여 전과를 올리기까지 하였다.[54]

　요컨대 16세기 말 군정은 해이해지고 병력은 부족한 상황에서 선조 16년 1월 말 니탕개가 변경을 침입하자 조선 왕조는 난을 평정한 후 번호의 침입에 대비하고 북쪽의 변경 방비 태세를 강화하고자 하였다. 이에 이일을 함경도 북도의 병마절도사로 임명하자 그는 북도제승방략으로 도내의 군사 방어 체제를 새로 편성하였고, 이를 토대로 여진 소탕은 성공적으로 수행되었다. 이일의 도내 군사 방어 체제 편성은 이후 군제 개편에 어느 정도 영향을 끼쳤을 것으로 짐작된다.

53　육군본부, 앞의 책, 1968, 323쪽.
54　이일의 북도제승방략에 대한 자세한 내용은 육군본부, 위의 책, 321~324쪽 참고.

제6장

국경에 대한 인식 변화와 이이의 양병 계책

제6장

국경에 대한 인식 변화와 이이의 양병 계책

1. 16세기 말 요동의 정세와 국경에 대한 인식 변화

　한반도의 지정학적인 조건은 끊임없이 인접 국가와의 대외 접촉을 불가피하게 만들어 왔으며, 다른 어느 시대보다 특히 조선 전기에는 역사 변동이 이루어지는 데 매우 큰 영향을 주는 외적 요인이었다. 이 시기에는 북방의 중국 대륙 및 만주에서의 세력 변동과 힘의 불균형이 국가 안보와 직결되었기 때문이었다.[1]

---

[1] 최호균, 「조선중기 對女眞관계의 연구」, 성균관대 박사학위논문, 1995, 4쪽.

명 중심의 책봉 체제 속에서도 경계에 대한 개념은 조선 시대에 존재하였다. 그러나 이것은 엄격하게 강제된 것은 아니었고, 국경이 분명한 경계선으로 규정되고 구분되는 공간적 분리선으로 여겨진 것도 아니었다. 그런 때에 요동은 명·조선·여진의 변경 지대로, 세 나라가 충돌할 가능성이 많은 지역이었다.[2]

명의 종주권이 중원을 넘어 요동까지 미치던 시기에 조선과 여진은 압록강 일대의 변경을 공유하고 있었다. 조선과 여진의 경계는 압록강과 두만강이라는 자연적 지리 경계에 따라 분명하게 나뉘는 것이 아니라 그 일대를 양쪽이 공유하며 거주하고 있었으며, 그러한 양자의 관계는 명을 중심으로 하고 있었다.[3] 이에 조선은 요동에 대한 여진의 동향을 항상 예의 주시하고 있었다.

요동은 명의 요동변장(遼東邊墻)이라는 방어선이 설치되면서 산해관-개원-압록강변으로 연결되는 성과 보들을 중심으로 몽골과 여진을 방어하는 방어벽의 역할을 하는 요충지이자 군사적 변경 지역이었다. 그런데 요동은 남쪽으로 해주, 금주 등 산동과 연결되는 해안선을 끼고 있었기 때문에 긴 요동변장 방어선 이외에도 남쪽 해안에 군사들이 분산 배치되어 있어서 적군이 침입하면 집중적으로 한 지역을 방어하기에는 구조적으로 취약한 약점을 가지고 있었다.[4] 조선과 명나라는 여진을 상대로 군사적 강경책과 회유책을 병행하며 요동 지역에서 여진의 성장을 막으려는 정책을 시도하였다.

---

2 金宣旼,「國境地帶에서 國境線으로 -19世紀末 淸과 朝鮮의 關係」,『中國史硏究』82, 中國史學會, 2013, 210~211쪽.
3 金宣旼,「雍正-乾隆年間 莽牛哨 事件과 淸-朝鮮 國境地帶」,『中國史硏究』71, 中國史學會, 2011, 93쪽.
4 남의현,「明末 遼東政局과 朝鮮 -명 후기 변경의 위기와 질서변화를 중심으로」,『인문과학연구』26, 강원대학교 인문과학연구소, 2010, 188~189쪽.

명 태조는 자신의 아들들을 번왕으로 분봉하고 그중 3명을 요동에 파견하여 동북 각 지역의 위소를 분할 통치하게 하였다. 이는 동북 지방이 여러 민족이 거주하고 있는 지역일 뿐만 아니라, 명조 이래로 계속된 이들과의 군사적 관계로 인하여 많은 병사가 배치된 곳이기 때문이었다.[5]

한편 조선은 태종 대 압록강변의 중강진 부근에 여연군을 설치하였고, 세종 대에 파저강의 여진족이 자주 침입해 오자 세종 15년(1433) 3월 최윤덕을 평안도 도절제사로 임명하여 이를 토벌하게 하고 자성군을 설치하였다. 그러나 여진족의 침입이 계속되자 세종 19년(1437) 9월에 평안도 도절제사 이천으로 하여금 다시 정벌하게 하여 세종 24년(1442)에 무창군을, 그 이듬해에 우예군을 둠으로써 4군을 설치하며 압록강 이남을 조선의 영토로 확보하였다. 그러나 4군은 교통이 불편하고 여진족과의 충돌이 자주 일어나 수비와 군량 공급 등이 곤란하므로 폐쇄하자는 의견이 나오기도 하였다. 그 후 단종 대에 이르러 때마침 세력을 떨치기 시작한 와자(瓦刺)의 기세가 조선에도 미칠 우려가 있어 단종 3년(1455) 4월에 여연·무창·우예의 3군을 폐하고, 세조 5년(1459)에는 자성군마저 철폐하였다.[6]

명과 조선의 노력으로 요동 지역의 정세는 한때 안정을 이루었다. 명대의 동북 지방에 거주하던 여진인은 건주·해서·야인 여진으로 나뉘었는데 이와 같은 구분은 구체적인 기준이 무엇이었는지는 명확하지 않으나 그들의 거주 지역 내지는 생활 환경에 따른 것으로 보인다. 그중 건주여진은 지리적으로 명나라의 요동도지휘사사와 가장

---

5 최호균, 앞의 논문, 1995, 15쪽.
6 최호균, 위의 논문, 1995, 12쪽.

인접한 곳에 자리 잡고 있어 여진 중에서는 조선과 함께 명나라와 충돌할 가능성이 많은 부족이었다.[7]

조선과 명나라는 건주여진을 자신을 보호하는 울타리로 이용하기 위하여 통제와 정벌을 반복하면서 그들을 견제하였다. 영토 개척을 목적으로 하는 두만강 일대의 6진과 압록강 일대의 4군 설치로 만주의 여진족과 조선의 대립은 세조 말년까지 팽팽하게 이어졌다.

이러한 상황에서 세조 13년(1467) 명이 건주위 이만주의 토벌에 함께해 줄 것을 조선에 요청하였고, 건주위 본거지를 공격해 전승하여 조선과 명나라는 여진 문제를 일단락 지을 수 있었다. 그러나 이후 여진의 보복성 침입이 끊임없이 일어나 북방 변경은 국방의 전초로 항상 긴장된 방어 태세를 유지해야 했다.[8] 명나라는 정통(正統) 7년(1442) 막강한 군사력으로 건주여진을 건주 3위로 분리시켜 여진의 통합을 막았을 뿐만 아니라,[9] 그들에 대한 약화 정책을 함께 실시하였다.

명나라의 건주 3위에 대한 약화 정책을 시행하는 것은 또한 건주 북부의 해서여진에 해당하는 합달부 등에 대한 지원을 통해 건주여진을 견제하는 것과 병행되었다. 그러나 해서여진에 대한 명의 지원은 오히려 해서여진의 성장을 촉진시켰고, 그로 인해 이번에는 해서여진이 다시 요동을 위협하는 세력이 되기도 하였다. 이를 막을 방법은 다시 건주여진에 대한 통제를 완화하여 그들에게 해서여진을 견

---

7 徐正欽,「明末의 建州女直과 八旗制의 起源」,『歷史教育論集』2, 1981, 168쪽.
8 육군본부,『韓國軍制史 -近世朝鮮前期篇-』, 육군사관학교 한국군사연구실, 1968. 302쪽.
9 『明英宗實錄』卷89, 正統 7년 2월 庚子條. "分建州左衛 設建州右衛 陞都督僉事董山爲都督同知 掌左衛事 都督僉事凡察爲都督同知 掌右衛事 董山收掌舊印 凡察給與新印收掌"

제하게 하는 이이제이(以夷制夷)의 전략을 구사하는 것이었다.[10] 그러나 이러한 전통적인 방법은 명나라가 강력한 군사력을 바탕으로 한 상태에서 두 세력을 적절히 통제할 수 있을 때 유효한 것이었다.

한편 명나라는 북방 변경의 위기가 심화됨에 따라 몽골과의 외교적 단절이 자신에게 불리하다는 것을 인식하고, 그들과의 교역을 재개하였다. 명은 알탄 칸의 지속적인 공격에 결국 몽골에 대한 강경책을 버렸고, 그들의 요구대로 변경의 도시에 말 시장을 설치하여 교류를 이어가면서 평화 협정을 맺음으로써 단절되었던 몽골과의 외교를 재개하고 변경의 안정과 평화를 도모하고자 하였다.[11]

명의 소극적 정책은 북방 변경의 정세뿐만 아니라 요동의 정세마저 악화시키는 요인이었다. 그들이 몽골과의 교역을 통해 외교 관계를 재개하는 배경에는 변방 군사력의 약화라는 약점이 있었고, 이러한 교역은 몽골과 적대적 관계를 완화하며 변경 방어선으로 향하는 막대한 인적·물적 자원을 줄이고자 하는 명의 임시 대안이었다. 국가 성립 초기에 그들이 군사력을 이용해 몽골과 충돌을 불사하며 교역으로 맺은 관계와 비교하여 보면, 명나라 중·후기의 명과 몽골 사이의 말 시장 개설을 통한 교역의 재개와 이로 인해 재정립된 둘 사이의 관계는 명나라가 변경의 위기라는 약점과 소극적 군사 전략을 가지게 되었다는 점에서 앞선 시기의 것과는 질적으로 다른 것으로 볼 수 있었다.[12]

명나라는 16세기 중엽 이후부터 황제의 무능, 환관의 전횡, 관료

---

10 남의현, 앞의 논문, 2010, 185~186쪽.
11 윤영인, 『위태로운 변경』, 동북아역사재단, 2009, 499쪽.
12 남의현, 앞의 논문, 2010, 197쪽.

간의 당쟁으로 정치가 극도로 문란해지고, 국가 기강이 해이해졌다. 16세기 말 요동의 군사가 감소하여 다른 지역의 군사들을 파견시키려고 하자 군사들이 이를 회피하였던 것은 당시 명의 문제가 극명하게 드러난 모습이었다고 볼 수 있다.[13] 이러한 정황으로 명나라는 요동 지역의 두 세력에 대한 견제력을 상실하고 있는 중이었으며, 이는 여진족에게 세력을 팽창시킬 수 있는 좋은 기회를 제공하였다.[14]

16세기 말 건주여진은 조선과 명의 견제책에도 불구하고 주위의 부족을 통합하며 다시 성장해 나갔다. 그들은 왕고(王杲)와 같은 지도자를 중심으로 힘을 키워 조선과 명의 조공로를 위협하고 명의 사신을 살해하는 등 요동의 변경을 위협하는 중요한 세력이 되었다.[15]

그에 비해 군기가 해이해지는 등 여러 모순이 발생하면서 변경의 상황은 악화되어 가고 있었다. 요동의 인구 감소, 둔전의 폐해, 관리의 토지 수탈, 전마의 부족 등 내부 모순은 곧 군사력의 약화로 이어졌다. 이에 따라 이루어진 건주여진 등 여진족에 대한 통제력 상실은 그들의 성장을 촉진하는 요인이 되기도 했다.[16]

16세기 말 요동 지역에서의 명의 지배력 약화와 건주여진의 성장은 조선이 국경에 대한 인식을 바꾸는 데에도 영향을 미쳤다. 요동은 조선과 국경을 인접하고 있었기 때문에 항상 깊은 관심의 대상이었는데, 그런 차에 명의 통제력이 약화된 것이었다. 조선 왕조는 요동 지역을 주시하게 되었으며, 이에 대한 내용이 『선조수정실록』에 다음

---

13 『明神宗實錄』卷47, 萬曆 4年 2月 庚寅條. "庚寅遼東鎭新添客兵一千五百餘員名防守寧前又調河東設伏"
14 최호균, 앞의 논문, 1995, 19쪽.
15 남의현, 앞의 논문, 2010, 183쪽.
16 남의현, 위의 논문, 2010, 183쪽.

과 같이 기록되었다.

> 요동 사람들이 의주 경계 안에 있는 신도에 와서 살면서 고기를
> 잡는다는 이유로 왕래하며 본국에 해를 끼치므로 조선이 요동에
> 알아 듣도록 타이를 것을 청하였다. 그러자 요동진 차관이 와서
> 그들을 찾아 돌려 보내고 먼저 선동한 사람을 엄하게 다스렸다.[17]

이처럼 조선 왕조는 요동 지역에 거주하는 여진인에 대한 명의 통제력이 약화되자 요동 지역의 변경에 관심을 가지고 적절하게 대처하였던 것으로 보인다. 이러한 상황 속에서 선조 16년(1583)에 발생한 번호 니탕개의 침입은 그동안 압록강 일대에서 있었던 여진의 침입에 비하면 규모가 컸을 뿐만 아니라 오랫동안의 평화로 방심하던 조선의 방어 태세를 교란시키고 당황하게 하는 사건이었다.[18] 조선 왕조는 여진과 국경에 대한 인식을 확실하게 달리할 수밖에 없었다. 즉 조선과 명, 그리고 여진이 각축을 벌이던 요동 지역이 더 이상 명의 주도로 안정될 수 없는 상황이 되었음을 깨달은 것이었다.

번호를 울타리로 삼아 두만강의 변경을 방어하고자 하였던 선조의 대 번호 정책은 번호 니탕개의 침입으로 전환이 불가피하게 되었다. 이에 선조는 이이를 병조판서로 임명하여 그가 꾸준히 주장한 것과 같이 군정을 개혁해서 국방을 강화하고 국경 방비를 확실히 하고자 하였다.

---

17 『宣祖修正實錄』卷12, 宣祖 11年 2月 壬午條.
18 육군본부, 앞의 책, 1968, 306쪽.

2. 이이의 양병 계책 건의와 십만양병설에 대한 검토

16세기 말 요동 지역에서의 명의 지배력 약화와 건주여진의 성장은 국경에 대한 조선의 인식이 변화하는 중요한 요인이 되었으며, 니탕개의 침입은 번호에 대한 정책 전환을 불가피하게 만들기도 하였다. 이이의 양병 계책(養兵計策)이 나온 것은 이 무렵의 일이었다. 이에 이이가 그와 같은 건의를 한 시점과 당시 상황을 분석하여 십만양병설에 대해서 살펴보고자 한다.

선조 15년(1582) 12월에 이이는 병조판서에 임명되었고, 이듬해 1월 22일 사면 요청 자리에서 선조에게 양병의 계책을 세울 것을 명 받았다. 이에 이이는 1월 28일의 니탕개란의 발발로부터 보름여 뒤인 2월 15일에 양병 계책을 올렸는데, 시무 6조 중 '군민을 양성할 것'이 그에 관한 것이었다.[19] 당시 선조가 그에게 내린 명령은 다음과 같다.

> 병조판서 이이가 병중에 출사하여 숙배하고 이어 사면하니, 답하였다. "우리 조선의 병력이 고려에 못 미치고 있는데 오랫동안 승평을 누린 나머지 군정 또한 해이된 지 오래이다. 나는 가끔 그것을 생각하고 남몰래 걱정하였으며, 실로 적당한 인재를 얻지 못한 것을 한탄하였다. 경은 경장과 개기를 부단히 주장해 왔었으니 이것은 바로 경의 평소의 생각인 것이다. 지금 경이 참으로 기발한 계책을 세워 전래의 폐습을 모조리 혁파하고 이어 양병의 계획을 세운다면 국가에 있어서 다행일 것이다. (중략) 군대는 나라를 다스리는 자가 절대로 소홀히 할 수 없는 것이니 경은 그 점에 대하여 노력하라. 또 병을 조리하면서 행공하더라도 일을 볼 수가 있는 것이니 사면하지 말라."[20]

---

[19] 『宣祖實錄』卷17, 宣祖 16年 2月 戊戌條.
[20] 『宣祖實錄』卷17, 宣祖 16年 1月 丙子條.

이이는 이전 시기인 선조 7년(1574) 1월에 만언소(萬言疏)를 올려 군정 개혁에 대해 논한 바 있었다. 그는 만언소에서 군정이 무너져서 변방이 무방비 상태이기 때문에 급박한 일이 생겨도 대응할 병졸이 없는 상황이라고 하면서 군적 정리가 제대로 이루어지지 않고 있는 폐단, 양역의 대립가의 폐단 등을 지적하였으며, 옛 제도를 개혁하여 새로운 규정을 만들어야 한다는 내용의 군정개혁론을 진언하였다.[21] 선조 14년(1581) 5월에 이이는 다시 상소를 올렸는데, 이는 군정의 폐단을 지적하고 단순한 지엽적 응급조치 대신 근본적으로 원인들을 제거하는 방안으로 공안의 개정, 군적의 개정 등의 개혁안을 제시하기 위한 것이었다. 그 후 선조 15년 9월에도 그는 상소를 통해 군의 실태를 전하였다. 군사는 쇠약하고 창고의 양곡은 고갈되었기 때문에 외적이 변방을 침범하거나 백성들이 무장하고 항거한다면 방어할 만한 병력도 없고 먹을 만한 곡식도 없는 상황을 언급하며 이이는 그러므로 현 상황에서 침입에 대한 대비를 할 것을 진언하기도 하였다.[22] 선조는 군정 개혁을 이처럼 지속적으로 주장하였던 이이를 병조판서에 임명하여 병정의 폐습을 혁파하고 양병의 계획을 세우도록 하였다.

이처럼 양병 계획을 세우라는 선조의 제의가 나온 시기는 니탕개란이 일어나기 직전이어서 변란과 직접적인 연관은 없다고 할 수 있을지 모르나, 당시 선조가 이이를 병조판서에 임명하고 이어 양병 계획을 세우라고 명한 배경에는 니탕개 등 북방 번호들의 비우호적이

---

21 『宣祖修正實錄』卷8, 宣祖 7年 1月 丁丑條.
22 『栗谷全書』,「栗谷先生全書」卷7, 疏箚5, 陳時弊疏條. "今者民散兵銷 倉廩匱竭 恩不下究 信義墮地 脫有外侮侵犯邊陲 頑民弄兵潢池 則無兵可禦 無粟可食 無信義可以維持 未知於此殿下將何以應之耶"

고 위협적인 움직임도 영향을 주었으리라 생각된다. 『선조수정실록』
에도 위의 이이의 사직 요청과 거의 같은 내용이 실려 있는데, 『선조
실록』 기록에는 보이지 않으나 『선조수정실록』에 실린 다음의 내용을
통해서 당시의 상황을 유추할 수 있다.

> 왕이 이미 체직을 윤허하지 않은 데다가 또 북쪽 변방에 경보가
> 있었으므로 마침내 감히 다시 사양하지 못하였다.[23]

위의 내용은 선조 16년 1월 말 니탕개 침입 이전에 조정에서 이미
그들의 위협적 움직임의 낌새를 알아차리고 있었음을 뜻하는 것이라
하겠다. 이로써 보건대 조선 조정에서는 니탕개 침입 이전에 이미 그
들의 움직임이 수상했음을 감지하고 있었다. 그러므로 선조도 이에
자극을 받아 군정의 문란으로 나라의 병력이 크게 부족한 현실을 직
시하고 오래 전부터 군정 개혁과 국방력 강화를 주장해 온 이이에게
병조판서를 맡겨 군정의 폐습을 혁파하고 양병의 계책을 마련하기를
기대하였던 것이다.

선조가 양병책을 세우라고 명할 때 특별히 북방 오랑캐의 위협을
지목하지는 않았다. 이는 당시 조선의 가상적인 적이 북방의 오랑캐
만이 아니라 남방의 왜도 포함되었기에 선조는 특정한 적의 위협을
지칭하지 않고 일반론적으로 취약한 국방력 강화를 위해 양병 계책
을 마련토록 명했던 것으로 보인다.

병조판서 이이도 선조의 이러한 뜻을 헤아리고 군정 문란의 개혁
과 양병 계책을 구상하였을 것이다. 그러나 선조의 명을 받은 지 6일

---

23 『宣祖修正實錄』 卷17, 宣祖 16年 1月 乙卯條.

만인 1월 28일에 니탕개란이 일어나 2월 초에 조정에 알려졌고, 그 10여 일 뒤인 2월 15일에 이이가 양병 계책을 올렸기 때문에 이 계책을 세움에 있어 니탕개란도 어느 정도 영향을 주었다고 할 수 있다. 이는 이이의 양병 계책을 포함한 시무 6조의 서두에 잘 나타나 있다. 즉 "우리나라가 오래도록 승평을 누려 태만함이 날로 더해 안팎이 텅 비고 군대와 식량이 모두 부족하여 하찮은 오랑캐가 변경만 침범하여도 온 나라가 이렇게 놀라 술렁이니, 혹시 큰 적이 침범해 오기라도 한다면 아무리 지혜로운 자라도 어떻게 계책을 쓸 수가 없을 것입니다."라든가 "지금 경원의 적으로 말하면 1~2년만에 안정시킬 수 있는 것이 아닌데, 만약 병위를 한 번 떨쳐 그들의 소굴을 소탕해 버리지 않는다면 6진은 평온을 누릴 기회가 영원히 없을 것입니다. 지금 서둘러 다스릴 수 있는 힘을 길러 후일의 대책을 세우지 아니하고, 그때그때 미봉책만 쓰려 든다면 어찌 한 모퉁이에 있는 적만이 걱정거리이겠습니까."라고 한 것을 통해 알 수 있다.[24]

이처럼 이이는 니탕개의 침입을 하찮은 오랑캐의 침입에 비유하고 이보다 더 큰 적이 침입할 경우를 염려한 것으로 보아 오랑캐는 물론 왜의 침입까지도 염두에 두고 이 계책을 세웠던 것으로 생각된다.

그렇다면 이이가 올린 양병 계책의 내용은 어떠하였는지, 이에 대해서 살펴보기로 하겠다. 국가가 부강하고 그 근본이 되는 민생의 안정이 계속되려면 무엇보다도 국방이 튼튼하여 외적의 침략을 막아낼 수 있어야 한다. 국가통치의 기본 목표는 부국안민과 국방확립이다. 이에 이이의 국방 사상은 이러한 안민 우선의 신념을 바탕으로 하고

---

24 『宣祖實錄』卷17, 宣祖 16年 2月 戊戌條.

있음을 알 수 있다. 그러므로 이이가 개혁을 주장한 배경도 민생의 평안을 달성하기 위한 노력이라고 할 수 있을 것이다.[25]

이이도 선조의 명을 받은 후 이러한 신념을 바탕으로 양병 계책을 구상하였던 것으로 보인다. 실제로 그는 니탕개란이 발발하고 보름이 지난 후에 올린 시무 6조의 하나로 양병은 양민으로서 근본을 삼는 것이므로 양민을 하지 않고 양병을 했다는 것은 옛날부터 오늘날까지 들어본 일이 없다고 하면서 양병 계책을 다음과 같이 제시하였다.

> 병조판서 이이가 아뢰었다. (중략) 양병은 양민이 밑바탕이 되어야 합니다. 양민을 하지 않고서 양병을 하였다는 것은 옛부터 지금까지 들어본 적이 없습니다. 오나라 부차의 군대가 천하에 무적이었지만 결국 나라가 망한 것은 양민을 하지 않았기 때문이었습니다. 지금 민력이 이미 고갈되어 사방이 곤궁한데 당장 대적이라도 나타난다면, 비록 제갈양이 앉아 계략을 짜고 한신·백기가 군대를 통솔한다 하여도 어찌 할 방법이 없을 것입니다. 왜냐하면 조발하려 해도 조발할 군대가 없고 먹이려 해도 먹일 곡식이 없으니, 아무리 슬기로운 자라 할지라도 어찌 재료가 없음을 핑계삼지 않겠습니까. 이는 모든 색군사의 임무가 괴롭고 수월함이 고르지 않아 수월한 자는 그런대로 견디지만 괴로운 자는 도망갈 수밖에 없는데 일단 도망을 가면 그 일족이 책임을 지게 되어 연쇄적으로 화가 번져 가서 심한 경우엔 마을 전체가 몽땅 비는 사례까지 있게 되는 데서 연유한 것입니다. 신의 생각으로는 현능한 자를 각별히 선택하여 국을 설치하여 군적을 관장하게 하고 괴롭고 수월한 자를 서로 교대시켜 그 역을 균등하게 하며, 군사가 도망간 지 3년이 지나면 한정을 다시 모집하여 그 자리를 메우는 등 반드시

---

25 金永柱,「栗谷 李珥의 國防思想」,『軍史』5, 國防部 戰史編纂委員會, 1982, 221~225쪽.

모든 색군사가 다 지탱할 수 있게 하고 또 그 일족이 책임을 지는 폐단을 없앤다면 군민의 힘이 펴질 수 있을 것입니다. 그밖의 휴양·생식 등에 관한 규정은 국을 설치한 뒤 그 일을 맡은 자가 강구하면 되는 것이며, 훈련 방법에 있어서는 우선 양민부터 하고 나서 논의할 일입니다.[26]

이처럼 이이의 양병 계책은 병사는 백성 가운데서 나오기 때문에 병사를 기른다는 것은 곧 백성을 잘 기름으로써 이루어진다고 하면서 양병을 하기 위해서는 우선 백성을 편안하게 하는 것이라고 하였다. 이이는 상소문의 형식을 빌려서 그의 위민의식을 직접적으로 표현하였는데, 「율곡전서」 속의 만언봉사(권5), 진시폐소(권7) 등이 대표적이라고 할 수 있다. 이러한 위민의식은 양병설과 같은 현실적이고도 급박한 문제를 내놓기에 이른 것이다.[27]

이이는 백성을 편안하게 하기 위해서는 유능한 인재를 선발하여 군적을 전담하는 부서를 설치하고, 이 부서에서 군적을 관장하게 하여 그 역을 균등하게 하며, 군사가 도망간 지 3년이 지나면 군사를 다시 모집하여 보충하게 하여야 한다고 하였다. 또한 그는 이러한 방법이 폐단을 근절시키는 것이라고 말하기도 했다.

당시 군정의 문란한 상황도 관리의 수탈이 심하였기 때문에 부유한 자는 뇌물로써 군에 편입됨을 면하고, 가난한 자는 재물이 없어 군역에 계속 입역되니 이로 인한 병폐가 혹심했던 것이다.[28] 그리하여 백성은 고통을 못이겨 도망을 가고, 도망을 가면 그 가족이 책임

---

26 『宣祖實錄』卷17, 宣祖 16年 2月 戊戌條.
27 黃俊淵, 「栗谷思想에 나타난 憂患意識」, 『정신문화연구』, 한국학중앙연구원, 1985, 91~92쪽.
28 金永柱, 앞의 논문, 1982, 226쪽.

을 지게 되어 열 집 중에서 아홉 집은 비고, 고을에 사람이 거의 없는 상황이었다.[29]

이이는 「군정책」에서 "백성이 많으면 병사가 없을 것을 걱정할 필요가 없고, 백성이 적으면 병사를 낼 길이 없기 때문에 병사를 넉넉하게 하는 도리는 백성을 기르는 것에 달려 있을 따름"이라고 하면서,[30] 당시 군정의 문란한 상황으로 백성들이 힘들어하고 모든 폐해의 근원이 되는 군적을 재정비해야 한다고 하였다. 그리고 이를 하기 위해서는 능력있는 사람을 선발하여 군적을 관장하게 하여야 한다고 하였다. 그리고 양병을 하기 위해서는 백성을 기르는 것부터 해야 한다고 하였다.

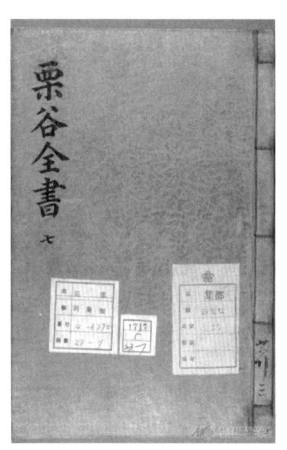

〈사진 6-1〉 율곡전서
(출처: 한국학중앙연구원)

그런데 이러한 이이의 양병 계책은 그의 사후 왜침에 대비해 십만양병설을 주장한 것으로 기록되어 있다. 이에 이이의 십만양병설에 대해서 검토해 보기로 하겠다. 이이가 왜침에 대비해 십만양병설을 주장하였다는 내용을 전하는 최초의 기록은 이이가 사망한 지 13년 지난 선조 30년(1597)에 이이의 문인인 김장생이 찬술한 『율곡행장』에 나타나는데, 그 내용은

---

29 『栗谷全書』, 「栗谷先生全書拾遺」 卷4, 雜著, 軍政策. "兵者 國之所由保也 民者 兵之所由出也 相須以生 相賴以安 我國家累世熙洽 百年生息 養兵撫民 靡策不講 數十年來 邑里蕭條 十室九空 士卒逋散 虛簿太半 民日散而兵無從出歟 兵日縮而民受其害歟"

30 『栗谷全書』, 「栗谷先生全書拾遺」 卷4, 雜著, 軍政策. "然而民多則不患乎無兵 民少則無自而出兵 足兵之道 養民而已"

다음과 같다.

> 일찍이 경연에서 청하기를, "10만의 군병을 미리 길러 완급에 대비해야 할 것입니다. 그렇지 않으면 10년이 지나지 않아서 장차 흙이 무너지듯 하는 화가 있을 것입니다." 하니, 정승 류성룡이 말하기를, "아무 일이 없는데 군대를 양성하는 것은 화근을 만드는 것입니다." 하였다. 당시는 난리가 없은 지 오래되어 안일한 것만을 좋아하여 경연에 있던 신하들이 모두 선생의 말을 잘못되었다고 하였다. 선생은 나와서 유성룡에게 말하기를, "나라의 형편이 위태롭기가 달걀을 쌓아 놓은 것과 같은데, 시속의 선비는 시무를 모르니 다른 사람이야 진실로 기대할 것이 없거니와 그대도 이런 말을 하는가." 하였다. 임진왜란이 난 뒤 유 정승이 조정에서 언젠가 어떤 사람에게 말하기를, "지금 와서 보면 이문정은 참으로 성인이다. 만일 그의 말대로 하였으면 나랏일이 어찌 이 지경에 이르렀겠는가. 또 그가 전후로 계획한 정책을 혹자들은 비난하였지만 지금 모두 꼭꼭 들어맞으니, 참으로 따라갈 수 없다. 율곡이 만일 살아 있다면 오늘날 반드시 타개할 방법이 있었을 것이다." 하였으니, 참으로 이른바 100년을 기다리지 않고도 알 수가 있다고 하겠다.[31]

김장생이 찬술한 『율곡행장』에는 이이가 임진왜란이 일어날 것을 예견했다는 사실을 드러내기 위해 '10년이 지나지 않아서 장차 흙이 무너지듯 하는 화가 있을 것'이라고 하였다. 이는 당시 군정이 너무 해

---

31 金長生, 『沙溪全書』, 卷7, 行狀, 栗谷 李先生 行狀 下. "嘗於筵中 請預養十萬兵 以備緩急 否則不出十年 將有土崩之禍 柳相成龍 而爲無事 而養兵禍也 時久安恬嬉 筵對之臣 皆以先生言爲禍 先生出謂成龍曰 國勢危如累卵 而俗儒不達時務 他人則固無望 君亦爲此言耶 逮壬辰之後 柳相於朝嘗語人曰 到今見之 李文靖眞聖人也 若用其言則 國事豈至於此乎 且其前後籌策 人或訾議 而今皆鑿鑿中窾 眞不可及 栗谷若枉 必能有爲於今日矣 誠所謂不待百年而知也"

이했기 때문에 10년이 지나지 않아서 화가 있을 것이라고 한 것이라고 짐작이 되며, 임진왜란을 정확히 예견하였다고 보기에는 어렵다.[32]

그런데 이이의 십만양병설에 대한 관찬 사서의 기록은 선조 승하 직후 즉시 편찬된 『선조실록』에는 보이지 않고, 인조 대에 편찬된 『선조수정실록』에만 보일 뿐이다. 선조 15년 9월 1일 기사에는 이이가 올린 상소문이 수록된 뒤 그 말미에 다음의 기록이 적혔다.

> 이이가 일찍이 경연에서 '미리 10만의 군사를 양성하여 앞으로 뜻하지 않은 변란에 대비해야 한다.'고 말하자, 유성룡은 '군사를 양성하는 것은 화단을 키우는 것이다.'라고 하며 매우 강력히 변론하였다. 이이는 늘 탄식하기를 '유성룡은 재주와 기개가 참으로 특출하지만 우리와 더불어 일을 함께 하려고 하지 않으니 우리들이 죽은 뒤에야 반드시 그의 재주를 펼 수 있을 것이다.' 하였다. 임진년 변란이 일어나자 유성룡이 국사를 담당하여 군무를 요리하게 되었는데, 그는 늘 '이이는 선견지명이 있고 충근스런 절의가 있었으니 그가 죽지 않았다면 반드시 오늘날에 도움이 있었을 것이다.'고 하였다 한다.[33]

이러한 내용은 앞에 인용한 『율곡행장』과 거의 비슷하다. 예컨대 이이가 십만양병설을 건의한 시기에 대해 두 기록 모두 '일찍이 경연에서'라고 막연히 표현하였을 뿐만 아니라 양병의 방법에 대한 내용이 없다는 점도 같다. 그리고 이이의 십만양병설을 유성룡이 당시에는 반대하였으나 임진왜란이 일어난 뒤에는 이이가 선견지명이 있었다고 탄복하였다는 점도 동일하다.

---

32 이재호, 『조선사 3대 논쟁』, 역사의 아침, 2008, 107쪽.
33 『宣祖修正實錄』 卷16, 宣祖 15年 9月 丙辰條.

이이가 임진왜란에 대비하여 십만양병설을 주장하였다는 내용으로서 사서에 보이는 것은 『선조수정실록』의 내용이 전부이다. 그런데 『선조수정실록』은 선조 승하 이후 35년이 지난 인조 21년(1643)에 편찬되기 시작하였다. 인조반정으로 북인 정권이 몰락하고 서인이 정권을 잡게 되자 『선조실록』을 수정하자는 의견이 나왔다. 이에 인조 21년에 이식이 심세정과 함께 수정 작업을 시작하였는데, 인조 24년(1646) 중단되었다. 그 후 효종 8년(1657)에 수정 작업을 계속하여 완성하였다.[34] 이에 편찬에 쓰인 사료가 대부분 사관이 초록한 사초가 아니라 개인의 행장과 비문 등을 인용해서 서술하였고, 편찬 당시 집권당인 서인의 당파성이 반영되었다는 비판을 받는 실정이다. 이이의 십만양병설은 이이의 문집에도 없고, 십만양병설을 반대했다는 류성룡의 문집에도 없으며, 『선조실록』에도 기록이 없다.[35]

이이의 십만양병설에 대해 기록을 남긴 사서로 개인 문집이 약간 있다. 개인 문집은 김장생이 선조 30년에 『율곡행장』을 찬술한 이후에 나온 것으로, 이정구가 광해군 4년(1612)에 찬술한 『율곡

〈사진 6-2〉 김장생 영정
(출처: 한국학중앙연구원)

---

34 이재호, 앞의 책, 2008, 110쪽.
35 이재호, 위의 책, 2008, 109~111쪽.

시장』, 그리고 송시열이 효종 1년(1650)에 교정한 『율곡연보』에 수록되어 있다. 그런데 이정구가 찬술한 『율곡시장』의 십만양병설에 대한 내용은 김장생이 찬술한 『율곡행장』의 기사와 거의 같다. 다만 말이 추가되었고, 그 내용이 풍부해졌을 뿐이다. 그리고 송시열이 교정한 『율곡연보』의 십만양병설에 대한 내용은 이이와 절친한 성혼의 문인으로 서인이었던 안방준의 『임진기사』를 참고하여 인용한 것이다.[36]

한편 임진왜란에 대비하여 10만의 군대를 양성해야 한다는 이이의 십만양병설이 최초로 한국사 개설서에 등장한 것은 이병도에 의해서였다. 그는 1940년대 『조선사대관』에서 양병십만론의 연월은 알 수 없으나 그의 문인 김장생이 찬술한 『율곡행장』 중에 적혀 있으니 설령 그의 만년의 일이라 할지라도 임진왜란 전 10년에 해당한다고 서술하였다.[37] 그 후 이병도는 『한국사대관』에서 "이이는 선조에게 군사 10만을 양성하여 완급에 대비하자는 것을 건의하여 만일 그렇게 하지 않으면 10년을 넘지 못하여 토붕의 화를 당하리라 하였다. 이때는 임진왜란이 일어나기 10여 년 전의 일이니, 장래를 투시하는 그의 선견의 밝음이 어떠하였던가를 알 수 있다. 그러나 이에 대하여 당시의 국왕 선조는 아무런 반응이 없었고 조정의 신하들 중에도 찬동 지지하는 사람이 별로 없었다. 동료 중에 식견이 높은 유성룡까지도 무사한 때에 양병은 도리어 화를 기를 뿐이라고 하여 반대하였다. 당시 조신들이 얼마나 타성과 고식에 기울어졌는지 추측할 수 있다."고 서술하여 이이가 선조에게 군사 10만을 양성하여 완급에 대비하자는 것을 건의하였으나 선조는 아무런 반응이 없었고 류성룡도 반대하였

---

36 이재호, 앞의 책, 2008, 95~106쪽.
37 李丙燾, 『朝鮮史大觀』, 同志社, 1948, 371~387쪽.

다는 내용으로 서술하였다.[38]

그 후 1960년대 이상백은 『한국사』에서 이이의 십만양병설에 대해 "왜구에 시달림을 받으면서도, 국내는 상하가 모두 해이하고 문약에 흘러 있던 때이라 근본적인 국방의 확립이 있을 수는 없었고 이이와 같은 선견지명이 있는 인사들이 국방의 강화를 주장하였으나 도리어 위험시되는 실정으로 거의 무방비나 다름없는 상태에 임진왜란의 대전쟁이 가까워오고 있었던 것이다."라고 서술하였다.[39] 그런데 『한국사』의 십만양병설에 대한 내용은 『율곡전서』에 수록된 『율곡연보』의 기록을 옮겨 적은 것이다.[40]

그러므로 한국사 개설서에 서술된 이이의 십만양병설에 관한 내용은 김장생이 찬술한 『율곡행장』과 송시열이 교정한 『율곡연보』의 기록을 근거로 하고 있다. 그리하여 1980년대 이후 이이의 십만양병설에 대하여 의혹을 제기하면서 이를 부정하는 연구가 시도되었다.[41]

---

38 李丙燾, 『한국사대관』, 동방도서, 1983, 338~339쪽.
39 李相佰, 『韓國史 -근세전기편-』, 震檀學會, 1962.
40 이재호, 앞의 책, 2008, 88~92쪽.
41 임진왜란을 예상된 침략으로 설정한 것이 이이의 십만양병설이다. 임진왜란이 일어나기 10년 전에 일본군의 침략을 예견하고 10만의 상비군을 갖추어 이에 대비할 것을 건의했다는 이이의 십만양병설을 부정하는 논문과 저서는 다음과 같다. 이재호, 「선조수정실록 기사의 의점에 대한 변석 -특히 이율곡의 '십만양병론'과 유서애의 '양병불가론'에 대하여-」, 『대동문화연구』 19, 성균관대학교 대동문화연구원, 1985; 황준연, 「율곡 '10만양병설'의 의문점」, 『한중철학』 5, 한중철학회, 1999; 송복, 『위대한 만남, 서애 류성룡』, 지식마당, 2007; 이재호, 『조선사 3대 논쟁』, 역사의 아침, 2008. 신봉승, 「10만 양병론의 허구」, 『한글한자문화』 137, 전국한자교육추진총연합회, 2010; 한편 李珥의 십만양병설을 긍정하는 논문과 저서는 다음과 같다. 최병길, 「율곡 국방론의 이론과 실제」, 『율곡학보』 4, 율곡연구원, 1997; 이진표, 「율곡의 경세사상」, 『대불대학교 논문집』 4, 대불대학교, 1998; 장숙필, 「율곡의 십만양병설에 대한 소고」, 『율곡학보』 12, 율곡연구원, 1999; 이기남, 「이이의 십만양병론에 대한 재검토」, 『율곡사상연구』 5, 율곡연구원, 2002; 김강녕, 「율곡의 10만양병론 : 군사적 함의와 교훈」, 『군사논단』 61, 한국군사학회, 2010; 김언수, 「율곡 10만 양병론의 진실」, 『인물과 사상』 160, 인물과 사상, 2011;

그러나 대체적인 접근 시각이 이이의 십만양병설을 류성룡이 반대하여 임진왜란에 대비하지 못하였다는 유성룡 반대론을 부정하고, 이를 극복하려는 논지로 유성룡을 긍정한다는 전제에서 성립하고 있는 실정이다.[42]

이이의 십만양병설에 대하여 의혹을 제기하면서 이를 부정하는 대표적인 논리는 십만양병설이 기록상 이이 사후 13년 뒤인 선조 30년에 김장생이 찬술한 『율곡행장』에 처음 나타나고 있고,[43] 이를 바탕으로 인조 대에 편찬한 『선조수정실록』에 기록되어 있는데,[44] 『선조수정실록』은 서인의 당파성이 반영되었다는 비판을 받고 있다는 것이다.[45] 그리고 십만양병설이 당시 재정상으로는 불가능하였고, 당쟁적 차원에서 서인 이이에 대한 동인 류성룡의 반대는 후대 이이의 제자들에 의한 것 등이라는 논리로 십만양병설을 부정하고 있다.[46] 또한 이이가 십만양병설을 건의하였다면 남쪽의 일본이 아니라 북쪽의 여진족에 대항하기 위한 것이라는 연구가 시도되었다.[47]

그러므로 이이의 십만양병설에 대해서는 검토할 필요가 있다고 생각된다. 먼저 이이가 임진왜란 10년전에 이를 예상하고 경연에서 십

김언수, 『율곡 10만 양병론의 진실』, 태봉, 2011; 장숙필, 「율곡 양병설과 그 도학적 특징」, 『율곡사상연구』 25, 율곡학회, 2012.

42 이기남, 「이이의 십만양병론에 대한 재검토」, 『율곡사상연구』 5, 율곡연구원, 2002, 337쪽.
43 한국정신문화연구원, 『국역 율곡전서』 권35, 부록3, 행장, 1998, 213쪽.
44 『宣祖修正實錄』卷16, 宣祖 15年 9月 丙辰條.
45 이재호, 앞의 책, 2008, 109~111쪽.
46 민덕기, 「이율곡의 십만양병설은 임진왜란용이 될 수 없다 -동북방의 여진 정세와 관련하여-」, 『한일관계사연구』 41, 한일관계사학회, 2012, 160~165쪽.
47 민덕기, 위의 논문, 2012; 민덕기, 「임진왜란용이 되어버린 율곡의 십만양병설」, 『역사와 담론』 65, 호서사학회, 2013.

만 양병을 주장하였다는 것은 상당히 중요한 사실인데, 선조 승하 직후 편찬한 『선조실록』에 이 내용이 수록되어 있지 않고, 이이의 문집인 『율곡전서』에도 내용이 없다. 그런데 이이의 문인인 김장생이 『율곡행장』을 찬술하면서 이이의 십만양병설을 기록하였다는 점에서 더욱 그런 생각이 든다. 그리고 『선조실록』에 이이가 양병 계책이라고 건의한 것은 니탕개란이 발발한 직후인 선조 16년 2월 15일에 병조판서로 있으면서 올린 시무 6조 가운데 한 조목이다.

이이는 양병 계책에서 그 필요성이 당면한 여진족의 침입을 격퇴하고 나아가서는 이들을 평정하는 데 있다고 하였지만, 거시적으로는 앞으로 있을지도 모를 더 큰 외적의 침입에 대비하여야 한다고 한 점으로 미루어 보아 당시 조선 주변의 또 다른 침략 세력이라 할 수 있는 일본에 대한 대비까지도 염두에 두고 있었던 것으로 보인다. 이는 이이가 19세의 젊은 나이에 을묘왜변을 경험하였고, 일본의 침입에 대비해 수군의 처우 개선과 판옥선의 건조 등을 주장하기도 하였기 때문이다.[48]

요컨대 이이의 양병 계책은 니탕개란 당시 여진의 침입에 대한 방어와 남방 왜의 침입에 대한 방어를 위해 계획되었던 것으로 볼 수 있다.

---

48 方琪喆,「栗谷 李珥의 대일인식」,『한일관계사연구』 29, 한일관계사학회, 2008, 238~239쪽.

제7장

결론

제7장

결론

　이 글은 선조 16년(1583) 두만강 변경을 침입한 니탕개란에 관한 내용을 기존의 연구 성과를 바탕으로 조선·명·여진의 삼각 관계 속에서 유기적으로 분석하였다. 이 장에서는 각 장의 내용을 요약하는 것으로 맺음말을 대신하고자 한다.

　제1장에서는 조선 전기 조선과 명의 대 여진 정책, 성저야인의 성장과 동향, 성저야인에 대한 조선의 인식 변화와 육진의 정비에 대해서 살펴보았다.

　조선 전기 대 여진 정책은 명과 여진과의 관계를 항상 주시하고 파악하면서 강경책과 회유책을 병행하여 실시하는 것이었다. 명은 동북 지방에 대한 여진 정책으로 기미책을 실시하여 여진족의 추장에게 황제가 직접 관직을 수여하였으며, 조정에 거역하고 변경을 침략하면 대군을 동원하여 정벌을 하였다. 또한 명은 여진족의 통합과 상호 결속을 방해하는 분리통어책을 지속적으로 실시하였다.

조선의 대 여진 관계는 세종 대에 여진인의 침입으로 악화되어 갔고, 조선에서는 여진인에 대한 부정적 인식이 급격히 강화되었다. 이런 중에 동맹가첩목아의 사망으로 두만강 유역의 여진이 혼란에 빠지자, 그들에 대한 조선의 대응책은 종래의 회유 정책에서 강경 정책으로 변경되었다. 두만강 유역에 6진을 설치한 조선 정부는 강 유역 여진인들을 성 아래에 거주하게 하며 여진의 동향을 파악하는 데 이용하고자 하였다. 성저야인이라 불린 이들은 성종 대를 지나 중종 대를 거치면서 세가 성장하였고, 자신의 요구가 충족되지 않을 경우에는 불만을 강하게 표출하기에 이르렀다.

이에 그들에 대한 인식은 이전과 다르게 되었으며, 조선 정부는 성저야인이 배반하여 두만강의 변경을 침범하면 위태로운 상황이 발생할 수 있다는 판단을 내렸다. 그리하여 중종은 함경도 관찰사와 병마절도사에게 성저야인에 대한 경계를 엄중히 할 것을 유시하였고, 두만강 유역 진의 성곽을 수리하고 봉수를 개설하는 등 변경의 방비를 철저히 할 것을 명하기도 하였다.

제2장에서는 16세기 후반 동북 지역의 정세와 선조 대 번호 정책, 니탕개란의 발발과 응징, 니탕개의 재침과 격퇴에 대해서 살펴보았다.

선조가 즉위한 16세기 후반 동북 지역의 정세에는 커다란 변화가 일어났다. 명은 황제의 무능과 환관의 전횡 등으로 정치가 극도로 문란해져 대 여진 정책에 소극적이었으며, 이러한 명의 위기는 여진족에게 세력을 팽창시킬 수 있는 좋은 기회를 제공하였고, 명과 여진의 관계가 이전과 다른 양상으로 전개되는 데에도 기여하고 있었다. 한편 조선에서는 선조가 즉위 초부터 번호에 대해 일정한 통치 질서를 구축하고자 하였으나 두만강 유역 진에서는 변장의 수탈로 번호들의 불만이 커지고 있었다. 이러한 상황에서 선조 16년 1월 말 번호 니탕개가 경원진을 침입하였으며, 병조판서 이이가 병력 및 군량을 지원하고 온성부사 신립 등 여러 장수들이 활약하여 이를 격퇴하였다.

재침이 일어난 것은 선조 16년의 일로, 그해 5월 초에 니탕개가 종성진을 침입하였다. 이때 진의 성 안 군사들이 총통을 난사하자 니탕개가 군대를 이끌고 물러나 두만강 건너로 철수하였다. 이후 그는 조선 정부에 타협안을 제시하였는데, 순찰사는 그 진의를 믿을 수 없다는 이유로 이를 거절하였다. 같은 해 7월 니탕개와 함께 난을 일으킨 우을기내가 조산만호 이순신의 계책으로 사살되었고, 이후 니탕개가 두만강의 변경을 다시 침입하지 않으며 변란이 종식되었다.

제3장에서는 니탕개란 이후 번호 정책의 전환과 녹둔도 둔전의 설치, 6진 방어 시설의 확장과 군사력의 증강, 번호의 침입에 대한 강경 대응에 대해서 살펴보았다.

조선 왕조는 니탕개란 이후 번호에 대한 정책을 전환하였으며, 그에 따라 북도 방위를 위해 무관을 확충하고자 하였다. 그리하여 무과 별시를 실시하여 무관을 확충하였다. 이는 니탕개란 때 북도의 진이 함락당하는 위기를 경험한 조선 왕조가 진의 군사력을 강화하기 위해 무사를 많이 선발한 것이었다.

조선 왕조는 방어의 강화와 군량의 비축을 위해서 선조 16년 12월

순찰사 정언신의 건의로 두만강 하류의 녹둔도에 둔전을 설치하였다.

　조선 정부는 니탕개의 난을 진압한 이후 번호의 재침에 대비하기 위하여 6진의 방어 시설을 확장하고 정예 무사와 토병 등을 확보하며 군사력을 정비하였고, 번호의 침입에 강경하게 대응하였다. 녹둔도에 둔전을 설치한 후 선조 20년(1587) 여진 부족 중의 하나인 시전부락이 녹둔도에 침입하자 그곳을 관할하던 경흥부사 이경록과 조산만호 이순신을 선봉으로 하여 대대적인 여진 정벌이 단행되었고, 이듬해 1월에는 조선의 군대가 두만강을 건너 시전부락을 기습 공격하여 토벌하였다. 이처럼 조선 왕조는 니탕개란 이후 번호에 대한 정책을 강경책으로 선회하였다.

　제4장에서는 서얼의 허통과 노비의 종량, 16세기 말 군역제의 동요와 북도 군사 방어 체제의 재편에 대해서 살펴보았다.

　서얼 신분은 『경국대전』에 한품서용이 규정되어 문과 응시 자격을 박탈당하였고, 노비 신분은 『경국대전』에 노비세전법이 법제화되어 합법적으로 양인이 되는 길이 거의 막혀 있었다. 이러한 상황에서 니탕개란이 발발하자 조선 정부는 병력과 식량 확보를 위하여 서얼과 노비가 스스로 장비를 갖추고 변방에 가서 만 3년 동안 방어하거나 변방에 쌀을 바치면 합법적으로 서얼에게는 과거 응시 자격을 주었고, 노비에게는 종량을 할 수 있는 기회를 주었다. 그리하여 니탕개란의 영향으로 실시한 서얼허통과 노비종량은 서얼과 노비에게는 신분 상승의 문이 열리는 계기가 되었다.

　16세기 말 군정이 해이해진 상황에서 니탕개가 변경을 침입하자 북도 방어 태세를 강화하기 위해 정부는 이일을 함경도 북도의 병마절도사로 임명하였으며, 이일은 북도제승방략으로 도내의 군사 방어 체제를 새로이 편성하였다.

제5장에서는 16세기 말 요동의 정세와 국경에 대한 인식의 변화, 이이의 양병 계책 건의와 십만양병설에 대해 검토해보았다.

16세기 말 조선과 명, 그리고 여진이 각축을 벌이던 요동 지역이 명의 통제력 상실로 더 이상 명의 주도로 해결할 수 없는 상황에서 니탕개가 변경을 침입하자 번호를 울타리로 삼아 두만강의 변경을 방어하고자 하였던 조선 왕조는 여진과 국경에 대한 인식이 확실하게 변화할 수밖에 없었다.

이이의 십만양병설에 대한 기록은 선조 승하 후 편찬된『선조실록』에는 없고, 임진왜란 이후 이이의 문인인 김장생이 찬술한『율곡행장』에 기록되어 있다. 이에 이이가 양병 계책을 제기한 시점에 주목하여 니탕개란과 연관이 있을 가능성이 있다고 생각한다. 즉, 이이의 양병 계책은 선조가 병조판서 이이에게 양병의 계획을 세우라고 한 상황에서 니탕개란이 발발한 후 보름이 지난 후에 건의한 것이었다. 이에 이이의 양병 계책은 니탕개란의 진압과 앞으로의 환란 대비 및 국방 강화를 위한 것이었다고 생각한다.

이 글을 통해 니탕개란의 배경과 전개 과정 및 결과와 영향에 대한 이해의 폭을 넓히는 데 도움이 되었으면 하는 바람이다.

참고문헌

1. 기본 자료

『經國大典』
『大東野乘』
『大東地志』
『大典會通』
『備邊司謄錄』
『世宗實錄』地理志
『續大典』
『承政院日記』
『新增東國輿地勝覽』
『輿地圖書』
『燃藜室記述』
『制勝方略』
『朝鮮王朝實錄』
『增補文獻備考』
『懲毖錄』

2. 저서

김언수, 『율곡 10만 양병론의 진실』, 태봉, 2011.
류성룡 저, 이민수 역, 『징비록』, 을유문화사, 2005.
방동인, 『韓國의 國境劃定硏究』, 일조각, 1997.
손병규, 『조선왕조 재정시스템의 재발견』, 역사비평사, 2008.
송 복, 『위대한 만남, 서애 류성룡』, 지식마당, 2007.
吳 晗, 『朱元璋傳』, 천진백화문예출판사, 2000.
육군본부, 『韓國軍制史 -近世朝鮮前期篇-』, 육군사관학교 한국군사연구실, 1968.
李丙燾, 『朝鮮史大觀』, 同志社, 1948.
李相佰, 『韓國史』, 震檀學會, 1962.

李成茂, 『韓國의 科擧制度』, 集文堂, 2000.
이재호, 『조선사 3대 논쟁』, 역사의 아침, 2008.
전쟁기념관, 『우리나라의 전통무기』, 전쟁기념관, 2004.
池承種, 『朝鮮前期奴婢身分硏究』, 一潮閣, 1997.
허선도, 『朝鮮時代 火藥兵器史硏究』, 일조각, 1994.

3. 연구 논문

강성문, 「朝鮮時代 女眞征伐에 관한 연구」, 『軍史』 18, 국방부 전사편찬위원회, 1989.
＿＿＿, 「朝鮮初期 六鎭 開拓의 國防史的 意義」, 『군사』 42, 국방부 군사편찬연구소, 2001.
강영철, 「朝鮮初期의 軍事道路 -北方 兩地帶의 境遇에 대한 試考-」, 『한국사론』 7, 국사편찬위원회, 1980.
구도영, 「조선 전기 君主權 유지를 위한 이념정책」, 『大東文化硏究』 89, 성균관대 대동문화연구원, 2014.
김강녕, 「율곡의 10만양병론: 군사적 함의와 교훈」, 『군사논단』 61, 한국군사학회, 2010.
金九鎭, 「麗末鮮初 豆滿江 流域의 女眞 分布」, 『白山學報』 15, 白山學會, 1973.
＿＿＿, 「조선 초기에 韓民族으로 동화된 土着女眞」, 『白山學報』 58, 白山學會, 2001.
＿＿＿, 「조선시대 6鎭 방어 전략 ≪制勝方略≫체제의 연구」, 『白山學報』 71, 白山學會, 2005.
＿＿＿, 「조선시대 女眞에 대한 정책」, 『白山學報』 88, 白山學會, 2010.
김구진·이현숙, 「制勝方略의 北方 防禦 체제」, 『국역 제승방략』, 세종대왕기념사업회, 1999.
김명수, 『여말선초 이성계의 정치적 행보와 압록강·두만강 유역 여진족 지역사회의 동향』, 상명대 석사학위논문, 2019.
金宣旼, 「雍正-乾隆年間 莽牛哨 事件과 淸-朝鮮 國境地帶」, 『中國史硏究』 71, 中國史學會, 2011.
＿＿＿, 「國境地帶에서 國境線으로 -19世紀末 淸과 朝鮮의 關係」, 『中國史硏究』 82, 中國史學會, 2013.
김순남, 「조선 成宗代 兀狄哈에 대하여」, 『조선시대사학보』 49, 조선시대사학회, 2009.
＿＿＿, 「조선전기 5진 藩胡 동향의 추이」, 『역사와 실학』 46, 역사실학회, 2011.
＿＿＿, 「16세기 조선과 野人 사이의 모피교역의 전개」, 『한국사연구』 152, 한국사연구회, 2011.

김언수, 「율곡 10만 양병론의 진실」, 『인물과 사상』 160, 인물과 사상, 2011.
金永柱, 「栗谷 李珥의 國防思想」, 『軍史』 5, 國防部 戰史編纂委員會, 1982.
김종수, 「훈련도감 설치 및 운영의 동아시아적 특성」, 『장서각』 33, 한국학중앙연구원, 2015.
南義鉉, 「明代 兀良合·女眞의 成長과 遼東都事의 危機」, 『만주연구』 3, 만주학회, 2005.
_____, 「明代 遼東支配의 構造와 限界 -遼東都司와 奴兒干都司를 중심으로-」, 『만주연구』 4, 만주학회, 2006.
_____, 「16~17세기 豆滿江 邊境地帶 女眞의 성장과 국제질서의 변화 -瓦爾喀 등 女眞族 통합과정을 중심으로-」, 『명청사연구』 41, 명청사학회, 2014.
민덕기, 「임진왜란 직전 조선의 국방 인식과 대응에 대한 재검토 -동북방 여진에 대한 대응을 중심으로-」, 『역사와 담론』 57, 호서사학회, 2010.
_____, 「이율곡의 십만양병설은 임진왜란용이 될 수 없다 -동북방의 여진 정세와 관련하여-」, 『한일관계사연구』 41, 한일관계사학회, 2012.
_____, 「임진왜란용이 되어버린 율곡의 십만양병설」, 『역사와 담론』 65, 호서사학회, 2013.
박재광, 「15~16세기 朝鮮의 火器발달」, 『학예지』 9, 육군사관학교 육군박물관, 2002.
박정민, 「태종대 제1차 여진정벌과 동북면 여진관계」, 『백산학보』 80, 백산학회, 2008.
_____, 「조선초기의 여진관계와 여진인식의 고착화 -태조~세종대를 중심으로-」, 『韓日關係史研究』 35, 韓日關係史學會, 2010.
_____, 『조선시대 여진인 내조 연구』, 전북대 박사학위논문, 2014.
徐炳國, 「朝鮮前期 對女眞關係」, 『國史館論叢』 14, 국사편찬위원회, 1990.
서태원, 「朝鮮前期 有事時 地方軍의 指揮體系 -중앙 군사지휘관의 파견과 관련하여-」, 『사학연구』 63, 한국사학회, 2001.
송우혜, 「조선 선조조의 니탕개란 연구」, 『역사비평』 72, 역사비평사, 2005.
신봉승, 「10만 양병론의 허구」, 『한글한자문화』 137, 전국한자교육추진총연합회, 2010.
신석호, 「조선왕조 개국 당시의 대명관계」, 『국사상의 제 문제』 1, 1959.
申解淳, 「中間階層」, 『韓國史』 10, 國史編纂委員會, 1981.
심승구, 「朝鮮 宣祖代 武科及第者의 분석 -1583~1584년의 大量試取 榜目을 중심으로-」, 『역사학보』 144, 역사학회, 1994.
오종록, 「朝鮮初期 兩界의 軍事制度와 國防體制」, 고려대 박사학위논문, 1993.
유봉영, 「王朝實錄에 나타난 李朝前期의 野人」, 『白山學報』 14, 白山學會, 1973.
유창규, 「李成桂의 軍事的 基盤 -東北面을 중심으로-」, 『震檀學報』 58, 震檀學會, 1984.
尹絲淳, 「栗谷(李珥)의 國防思想」, 『栗谷思想研究』 3, 율곡연구원, 1997.

尹浩亮, 「宣祖 16년(1583) '尼湯介의 亂'과 조선의 군사전략」, 고려대 석사학위논문, 2009.
_____, 「宣祖 16년(1583) '尼湯介의 亂'과 조선의 대응」, 『軍史』 82, 國防部 軍史編纂研究所, 2012.
이강칠, 「勝字銃筒係의 實態小考 -現在遺物을 中心으로-」, 『학예지』 1, 육군사관학교 육군박물관, 1989.
이기남, 「이이의 십만양병론에 대한 재검토」, 『율곡사상연구』 5, 율곡연구원, 2002.
이범직, 「조선 전기의 신분제」, 『한국사』 7, 한길사, 1994.
李成茂, 「15세기 양반론」, 『朝鮮兩班社會硏究』, 일조각, 1995.
_____, 「朝鮮時代 奴婢의 身分的 地位」, 『朝鮮兩班社會硏究』, 일조각, 1995.
_____, 「朝鮮初期 奴婢의 從母法과 從父法」, 『朝鮮兩班社會硏究』, 1995.
이왕무, 「조선시대 녹둔도(鹿屯島)의 역사와 영역 변화」, 『정신문화연구』 34, 한국학중앙연구원, 2014.
李源明, 「조선중기 鹿屯島 확보와 北兵使 李鎰에 관한 일고찰 -『壯襄公全書』(1893)를 중심으로-」, 『白山學報』 83, 白山學會, 2009.
李章熙, 「兩班·農民層의 變化」, 『한국사13 -兩班社會의 變化』, 國史編纂委員會, 1976,
_____, 「朝鮮前期 事大交隣關係와 國防政策」, 『軍史』 34, 국방군사연구소, 1997.
_____, 「朝鮮初期 土班武職의 性格」, 『李章熙全集』 5, 景仁文化社, 2011.
_____, 「朝鮮前期 土兵에 對하여」, 『李章熙全集』 5, 景仁文化社, 2011.
_____, 「壬亂前의 西北邊界政策」, 『李章熙全集』 5, 景仁文化社, 2011.
_____, 「屯田經營의 實態」, 『李章熙全集』 4, 景仁文化社, 2011.
李載龒, 「朝鮮 前期의 奴婢 硏究」, 『崇田大學校 論文集』 3, 1971.
이재호, 「선조수정실록 기사의 의점에 대한 변석 -특히 이율곡의 '십만양병론'과 유서애의 '양병불가론'에 대하여-」, 『대동문화연구』 19, 성균관대 대동문화연구원, 1985.
李存熙, 「朝鮮前期의 郡縣制」, 『韓國行政史學誌』 1, 韓國行政史學會, 1992.
이진표, 「율곡의 경세사상」, 『대불대학교 논문집』 4, 대불대학교, 1998.
이현진, 「명·청의 賜祭·賜 諡에 대한 조선의 대응」, 『朝鮮時代史學報』 63, 鮮時代史學報, 2012.
장숙필, 「율곡의 십만양병설에 대한 소고」, 『율곡학보』 12, 율곡연구원, 1999.
_____, 「율곡 양병설과 그 도학적 특징」, 『율곡사상연구』 25, 율곡학회, 2012.
장정수, 「선조대 對女眞 방어전략의 변화 과정과 의미」, 『朝鮮時代史學報』 67, 朝鮮時代史學會, 2013.
全炯澤, 「朝鮮初期의 社會와 身分構造」, 『韓國史』 25, 國史編纂委員會, 1994.

정다함, 「麗末鮮初의 동아시아질서와 朝鮮에서의 漢語, 漢吏文, 訓民正音」, 『韓國史學報』 36, 고려사학회, 2009.
池承種, 「朝鮮前期 公奴婢制度의 構造와 變化」, 『韓國學報』 32, 1983.
_____, 「朝鮮前期의 庶孼身分」, 『사회와 역사』 27, 한국사회사학회, 1991.
최병길, 「율곡 국방론의 이론과 실제」, 『율곡학보』 4, 율곡연구원, 1997.
최승희, 「世宗朝의 王權과 國政運營體制」, 『朝鮮初期 政治史硏究』, 지식산업사, 2002.
최형국, 「조선시대 군사들은 어떤 무기를 사용했을까?: 화약무기 편」, 『인물과사상』 122, 인물과사상사, 2008.
최호균, 「조선중기 對女眞관계의 연구」, 성균관대학교 박사학위논문, 1995.
崔異敦, 「조선 초기 서얼의 차대와 신분」, 『歷史學報』 204, 역사학회, 2009.
한성주, 「두만강지역 여진인 동향 보고서의 분석 -『端宗實錄』기사를 중심으로-」, 『史學研究』 86, 韓國史學會, 2007.
_____, 「조선전기 두만강유역 '女眞 藩籬·藩胡'의 형성과 성격」, 『한국사학보』 41, 고려사학회, 2010.
_____, 「임진왜란 전후 女眞 藩胡의 朝鮮 침구 양상과 조선의 대응 분석」, 『東洋史 學研究』 132, 東洋史學會, 2015.
허선도, 「制勝方略 硏究(上) -壬辰倭亂 直前 防衛體制의 實相-」, 『震檀學報』 36, 震檀學會, 1973.
허태용, 「동아시아 중화질서의 변동과 조선왕조의 정치·사상적 대응」, 『歷史學報』 221, 歷史學會, 2014.
黃俊淵, 「栗谷思想에 나타난 憂患意識」, 『정신문화연구』, 한국학중앙연구원, 1985.
_____, 「율곡 '10만양병설'의 의문점」, 『한중철학』 5, 한중철학회, 1999.

지은이 **김세용**

1965년 강원도 묵호 바닷가에서 태어났다. 강원대학교 사범대학 역사교육과를 졸업하고, 1990년 역사 교사로 발령을 받았다. 강릉대학교 교육대학원 역사교육과에 입학하여 「약천사에 대한 일고찰」로 석사 학위를 받았다. 성균관대학교 일반대학원 사학과에 입학하여 「선조조 니탕개난 연구」로 박사 학위를 받았다. 현재 강원도 동해시 북평고등학교에서 역사 교사로 근무하고 있다.

주요 논문으로 「조선시대 읍호승강에 대한 일고찰 -강원도를 중심으로-」, 「조선후기 지방통치정책과 읍호승강 -17세기를 중심으로-」, 「영조대 읍호승강과 지방통치방식의 추이」 등이 있다.